U0565251

亚里士多德像

造物：
改变世界的万物图典

编著
日本平凡社

译者
何晓毅

责任编辑
彭毅文

书籍设计
typo_d / 打错设计

出版发行
上海三联书店
地址 / 上海市静安区威海路 755 号 30 楼
邮政编码 / 200041
联系电话 / 编辑部：021-22895517
　　　　　 发行部：021-22895559

经销
全国新华书店

印制
上海盛通时代印刷有限公司
开本 / 787mm×1092mm　1/32
印张 / 13.25
字数 / 100 千字
版次 / 2017 年 3 月第 1 版
印次 / 2025 年 7 月第 12 次印刷

ISBN
978-7-5426-5641-4 / Z·117

定价
68.00 元

Sekaishi Mono Jiten
Copyright©2002 Heibonsha Limited, Publishers
All rights reserved.
Originally published in Japan by Heibonsha
Limited, Publishers, Tokyo
Chinese (in Simplified Chinese character
only) translation rights arranged with
Heibonsha Limited, Publishers, Japan
Through Japan UNI Agency, Lnc.,Japan.

Simplified Chinese edition copyright:
2017 Shanghai Joint Publishing Company
All rights reserved.
著作权合同登记号　图字：09-2015-331 号

------------------------------------------
图书在版编目（CIP）数据

造物：改变世界的万物图典 / 日本平凡社编；
何晓毅译. — 上海：上海三联书店，2017.3（2025.7 重印）
ISBN 978-7-5426-5641-4
Ⅰ.①造… Ⅱ.①日… ②何… Ⅲ.①科学知识 –
普及读物 Ⅳ.① Z228

中国版本图书馆 CIP 数据核字（2016）第 158077 号
------------------------------------------

造

改变世界的万物图典 ⊙平凡社⋯⋯⋯编 何晓毅⋯⋯⋯译 上海三联书店

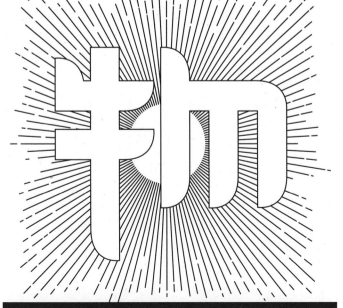

物

胭+砚
project:

1

# 内容提要

本图典是以敝社出版的《大百科事典》(1931 年初版)、《世界大百科事典》(1955年初版)、《世界大百科事典》(1964 年初版)为中心,辑录了包括敝社其他书籍内的各种插图 3000 余幅,附加简单说明编辑而成的历史"器物"系列第 3 本事典。前两本为正、续《日本历史万物事典》,本图典则通篇皆为世界历史上的各种"器物"的形状及名称。

本图典收录的"物"从古代到第二次世界大战前后。图文一体,编排合理,可作为了解世界各国传统和文化的"图鉴"。

# 目录

# 文献及插图出处

本图典参考文献及插图出处如下：

《法国百科全书》、《武经总要》、《筹海图遍》、《丢勒木版画》、《达芬奇手稿》、《天工开物》、《佩文斋耕织图》、《农书》、《地狱图》、《耕织图》、《河工器具图说》、《论矿冶》、《天球图谱》、《尘劫记》、《测圆海镜》、《哲学的慰藉》、《丁尼生诗集》、《乌托邦来信》、《恋爱就是一切》、《世界图画》、《阿格里科拉》、《武备志》

敞社
《大百科事典》1931年版
《世界大百科事典》1955年版
《世界大百科事典》1964年版

# 凡例

## 构成

本图典是以简洁直观的绘图 3000 余幅构成的世界各国历史上出现过的器物形状和名称的事典。为便于查阅，本事典分 12 部类，按"国家◉战争"、"海◉帆船◉蒸汽船"、"气球◉飞机"、"马◉车◉雪橇"、"农业◉农民"、"服装◉历史与民族"、"内衣◉伞◉鞋"、"教会◉民居"、"建筑◉遗迹"、"音乐◉乐器"、"神话◉神"、"文字◉纹样"排列。

## 解说

解说文字力求平易。

## 文献

插图出处以及书籍在《 》内表示。

## 翻译说明

为方便读者，中国以外项目汉译名有异同者，用"又译……"附加。另，为方便读者查阅，中国以外项目除一般化名词以外，均增补英文。

国家●战争

黄道十二星座●白羊座

**御座（宝座）** ⇨ 本为帝王在举行仪式或政治场合坐的椅子，后成为帝王权威的象征

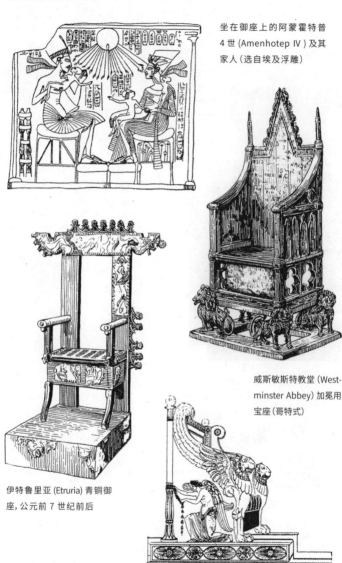

坐在御座上的阿蒙霍特普4世 (Amenhotep IV) 及其家人（选自埃及浮雕）

威斯敏斯特教堂 (Westminster Abbey) 加冕用宝座（哥特式）

伊特鲁里亚 (Etruria) 青铜御座，公元前7世纪前后

拿破仑1世的御座

# 王

国家最高主权人。历史上伴随着私有财产的出现，氏族共同体内部出现阶级分化，在部族的国家秩序形成过程中，作为统治者，出现了王。古代的王集中了司法、行政、立法等国家最高权力，也是军队的最高指挥者，同时还具有最高祭祀人的宗教功能。

# 国家

由居住在一定的领土范围内的多数人构成的团体，具有排他性统治组织。一般说由领土、人民、主权（统治权）3要素构成。历史上经过古代奴隶制国家和中世封建国家，伴随着绝对主义国家的出现，国家在成为国际政治主角的同时，被建设成为具有中央集权机构的近代国家。

王冠⇨作为王位的象征，王戴在头上的宝冠。由贵金属和宝石制成。 **上左起**/神圣罗马帝国、拿破仑1世（1804）、奥地利的王冠。 **中左起**/普鲁士（1889）、意大利萨伏依王朝（1890）、波希米亚文策尔家（1347）的王冠。 **下**/英国的宝冠(coronet)。左起为公爵、侯爵、伯爵。

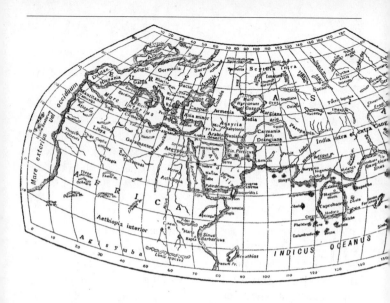

**地球仪**⇨表面画有经纬线，标注有地球表面地理状况的球体。附属器具有连接在北极和南极上的半圆或全园的子午线环，球体可以转动。有的还在支柱上安装有围绕赤道的地平线环。现存最古的地球仪为 1492 年马丁·倍海姆制作(直径 507 毫米)。

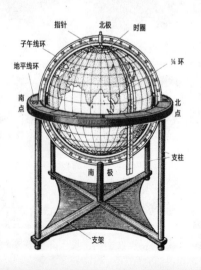

指针
北极
时圈
子午线环
¼ 环
地平线环
南点
北点
支柱
南极
支架

# 领土

由陆地(包括内陆水)构成的国家领域。领海和领空基于领土,所以领土为国家领域中最为本质性的部分。领土原则上国家主权均能涉及,但因条约也可受到某种限制。

**克劳狄乌斯·托勒密 (Claudius Ptolemy) 的地图** ⇨托勒密是亚历山大的天文、地理学家。英语通称为 Ptolemy。活跃在公元2世纪。130年前后观察天体,发现了大气差和月球运动的"出差"(evection)。他把从来的天文学知识集大成并体系化,编写成《天文学大成》(又译《至大论》等)。《地理学》(又译《地理学指南》)运用经纬度制作地图,他还研究光学和音乐。

**麦卡托的世界地图 (1569 年)** ⇨经线垂直、纬线水平。具有一定方位的线在图上用直线画出。不仅作为海图绘制法被广泛运用,还被用作绘制一般的世界地图。

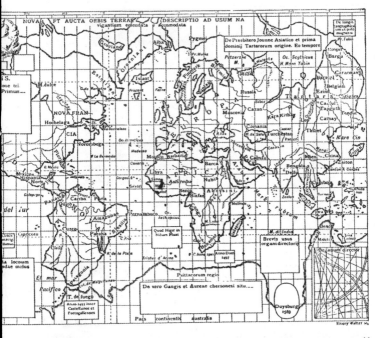

# 国旗

象征国家尊严的标志，以法律或习惯制定。比如印度尼西亚、中华人民共和国、德意志联邦共和国、法国、巴西等宪法规定了国旗，但也有许多国家的国旗来自传统习惯。国旗的颜色和样式反映了该国的历史和理想，颜色常用固有的传统色。

尼泊尔　　　　梵蒂冈

**上／**非长方形的国旗。一般国家的国旗长宽比例大多为 2：3。**下／**样式相同的国旗。印度尼西亚和摩纳哥。上半部分皆为红色。

国旗各部名称

旗角 Canton

飘边 fly

旗袖 hoist

美国建国时的星条旗

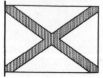

**左上起／**英格兰圣乔治、苏格兰圣安德鲁、爱尔兰圣帕特里克的十字旗。这三面旗重叠合并，就成右边的英国旗（俗称米字旗，英文俗称 The Union Jack）。

国家●战争

# 联合国

简称 UN。继承国际联盟的传统,于1945 年 10 月 24 日设立的人类历史上最大的国际组织。本部纽约。创设的构想从第二次世界大战初期便在盟国之间出现。从 1941 年的联合国宣言、大西洋宪章,和 1942 年的联合国宣言等能看出苗头,1943 年在美、英、苏、中四国共同发表的莫斯科宣言中首次具体提起,1944 年在华盛顿郊外的敦巴顿橡树园会议通过了联合国宪章草案。1945 年经过雅尔塔会议,同年在旧金山召开的会议上正式通过了联合国宪章,10 月 24 日(联合国日)联合国正式成立。

**联合国会旗** ⇨ 1947 年 10 月,根据第 2 次联合国总会决议制定。淡蓝底色,中间以为北极为中心的白色世界地图,配子午线,两侧由橄榄枝环绕。此徽标表示联合国为世界性机构,而其主要目的是为了推进世界和平。

青　黄　　黑　　绿　赤

## 奥林匹克五环旗

现代奥林匹克运动会创始人皮埃尔·德·顾拜旦于 1941 年设计。中间为象征五大洲和平与合作的五色环,故被称作五环旗。蓝色、黄色、黑色、绿色、红色五色取自当时世界各国国旗的基本颜色,与五大洲没有特殊关系。作为奥林匹克大会的象征,在举办城市之间传接。

表达哀悼之意的降半旗为先升到最上端,然后下降到旗杆的二分之一处。

# 纹章

始于十二世纪欧洲十字军使用的标记,当初为王公贵族的特权,后地方的州、城市、教区、行业协会、学生团体等也制定了自己的徽章。其形式主要以盾牌形状或甲胄形状为基本要素,并配上各种纹样。又作徽章。

神圣罗马
帝国徽章

英国国徽

**主要纹样(Ordinary)** ⇨画在盾形上的主要纹样。一般由几何学直线和曲线(或面)组成。基本形状有十种左右。

伦敦市徽

巴黎市徽

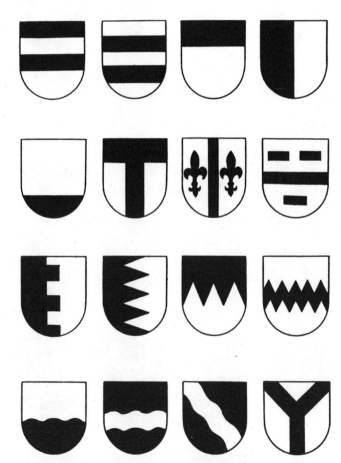

**辅助纹样(sub-Ordinary)** ➪ 把一般盾徽图案分割成更细条块，或者占据盾徽一部的图案。

**装饰纹样(Charge)** ➪ 盾徽上描绘的具体图像。有动物、天文、器具等。

**纹章的变化** ⇨ 左上为百合花本纹，其他为装饰领带、边框、斜梁、纽带等的变化形。

百合花纹章

 紫色　　　 银色　　　 金色　　　 黑色

 绿色　　　 蓝色　　　 红色

Grimaldi Prince de Monaco
a pour Supports
2 Moines de Sᵗ Augustin.

de Sᵗ Georges de Vérac.
Suports de Sirenes.

d'Escoubleau de Sourdis
Suports de Levrettes.

Gelas de Lautrec.
Suports d'Ours Muselés accollés.

Mancini Mazarini.
Suports d'Hermines Collets et
Mantelées.

Melun.
Suports de Grifons.

**全形纹章 (Achievement)** ⇨ 图案设计完成后的纹章。中央为盾纹，上部是冠饰或盔饰，下部写有铭言。盾纹左右由被称作护盾兽或护盾物的动物等支撑。

**纹章官 (Officer of arms)** ⇨ 监管纹章使用和参与各种国家仪式的专门官职。

# 淘汰赛 Tournament

中世盛行于欧洲骑士之间的马上比武大会。比武分两组进行。互相攻击，以把对方刺下马为胜。15 世纪前后演变成穿上华丽战袍，在领主和贵妇人前 1 对 1 用长矛比武 (joust) 的形式。

**骑士**⇨ 指中世欧洲的骑马战士。本来仅为卡洛琳王朝的重武装奇兵，伴随着封建化的进行，11 世纪前后被固定成一种身份。骑士广义上指的是王及其家臣集团，狭义上指的是除了王和诸侯以外的家臣。少年时代修炼武艺、礼法等，18—20 岁通过各种仪式正式成为一名骑士，获得一般平民被禁止的武装权、决斗权、封地受领资格等，并对主君负有服兵役以及宫廷出仕的义务。在骑士社会里形成的独特的习惯和伦理观被称作"骑士精神"。骑士精神受到古日耳曼的习惯与基督教的强烈影响，强调必须忠诚勇敢、捍卫神圣、保护老弱、崇尚并献身贵妇人等。12—13 世纪进入全盛时期，出现各种宗教骑士团，骑士特权也进一步法制化。

上 / 淘汰比武 下 / 向王誓忠的骑士

三十年战争⇨ 1618—48 年，周边国家介入德国内部宗教对立而引起的战争。上／当时的骑兵。中／身穿铠甲，被称作"最后的骑士"的神圣罗马皇帝马克西米利安一世（Maximilian I）（1508 年即位）英姿。下／13 世纪的铠甲。

# 城堡

作为军事防御设施建设的建筑，有所有者的住所和外围城郭，还有附属的集市和村庄等，其他还设有城墙等各种防御工事。西洋特别是 10 世纪以后至中世末期在欧洲全范围发达。一般都建设在险要之地，周围的城墙上设有带抢眼的垛墙，重要的地方设有塔楼。与城堡外部的交通仅有城门一处，有护城河的城堡在城门前设有吊桥。城墙内部有领主的居所，士兵的宿舍，瞭望楼等。15 世纪后因武器的发达，逐渐失去军事意义，变成仅供居住的花园城堡。

军旗

瞭望楼

阁楼

居所

城门楼

礼拜堂

顶枪眼

捷径入口

吊门　城门　吊桥

瓮城

栅

捷径入口

瞭望塔

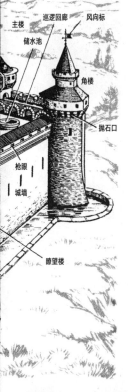

主楼
巡逻回廊　风向标
储水池
角楼
抛石口
枪眼
城墙
瞭望楼

中世的骑士 ⇨
上左 / 英格兰（13 世纪）
上右 / 法国（13 世纪）
下 / 德国（14 世纪）

西洋中世武器⇨ 1. 战锤（13 世纪）2. 链枷（15 世纪）3. 弩（13 世纪）4. 身佩盾牌、弩、箭筒、长剑，全副武装的兵士（14 世纪）

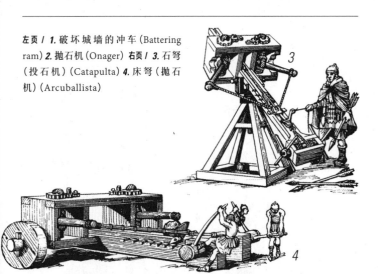

左页 / *1.* 破坏城墙的冲车（Battering ram）*2.* 抛石机（Onager）**右页** / *3.* 石弩（投石机）（Catapulta）*4.* 床弩（抛石机）（Arcuballista）

弩⇨中国古代的远射用强弓，由弩机与短弓结合而成。欧洲的 ballista 也属于同一系统，直到中世期火器出现才逐渐弃用。

法国骑士
（13 世纪后期）

正在使用火枪的士兵
（16 世纪）

西洋盔甲的历史

8 世纪

10 世纪

14 世纪

15 世纪

16 世纪

12 世纪

11 世纪

13 世纪

16 世纪末

17 世纪

## 盔甲

由保护胴体的铠甲和保护头部的头盔组成的战斗用具。所用材料从石器时代的树皮、皮革到后来的青铜、铁等，随着战斗形式的变化，样式发生各种变迁。西洋古代铠甲以希腊的铠甲最具代表性。前胸和后背各挂一片青铜板，下部吊挂带有金属片的布料。头盔是盔型，皮革或金属制。罗马使用比较轻的铁制头盔，铠甲则用皮革块连接，出现了连环甲。这种铠甲在 10 世纪前后最为盛行。从 13 世纪末开始，出现了整块铁皮制铠甲，至 15 世纪更是出现关节部位都能活动的精巧铠甲。

**西洋头盔的历史**

卡洛琳王朝

11 世纪

12 世纪

13 世纪

13 世纪末

14 世纪

14 世纪

14 世纪

14 世纪

15 世纪

15 世纪

16 世纪

16 世纪

16 世纪

17 世纪

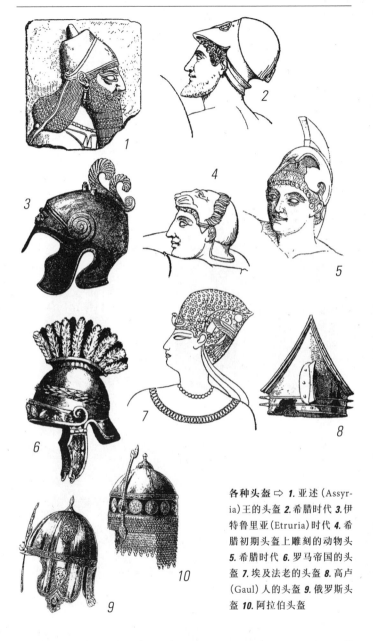

**各种头盔** ⇨ **1.** 亚述（Assyria）王的头盔 **2.** 希腊时代 **3.** 伊特鲁里亚（Etruria）时代 **4.** 希腊初期头盔上雕刻的动物头 **5.** 希腊时代 **6.** 罗马帝国的头盔 **7.** 埃及法老的头盔 **8.** 高卢（Gaul）人的头盔 **9.** 俄罗斯头盔 **10.** 阿拉伯头盔

**中国盔甲**➪ 中国远在商代就使用了青铜甲，周代主要使用皮革甲，汉代主要使用铜制金属甲，后汉时期出现铁甲。宋代以后多用覆裹全身的札甲，明代出现把铁札或牙札缝制在布料背面的札甲。

**下／戈的变迁**

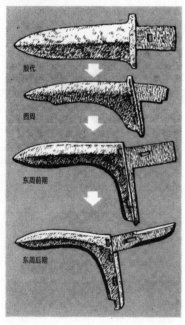

殷代

西周

东周前期

东周后期

# 戈

中国青铜制武器之一。木长柄头部直角安装青铜制横刃，是中国古代以战车为主要作战方式时期重要武器。殷代的戈刃部短而宽。西周、春秋、战国逐渐变长变细，刃的下沿也顺着长柄延长。战国时代还出现了带有矛的戟。

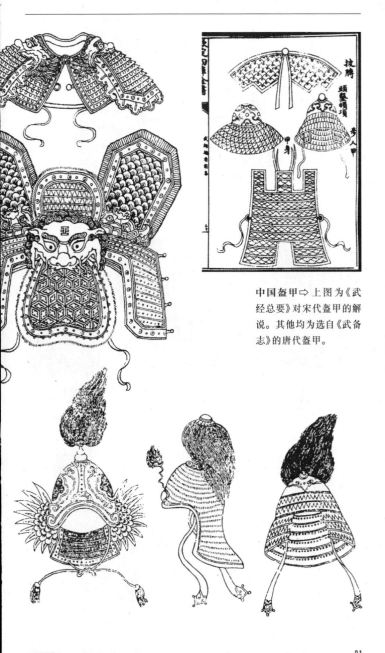

**中国盔甲** ⇨ 上图为《武经总要》对宋代盔甲的解说。其他均为选自《武备志》的唐代盔甲。

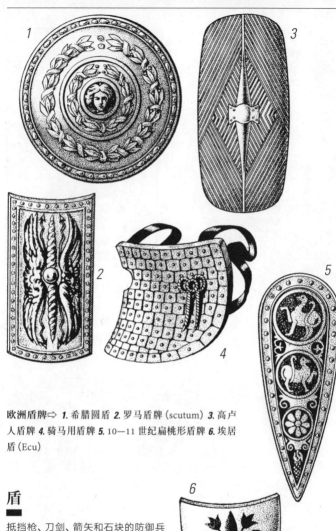

**欧洲盾牌**⇨ *1.* 希腊圆盾 *2.* 罗马盾牌 (scutum) *3.* 高卢人盾牌 *4.* 骑马用盾牌 *5.* 10—11 世纪扁桃形盾牌 *6.* 埃居盾 (Ecu)

# 盾

抵挡枪、刀剑、箭矢和石块的防御兵器。有冲锋陷阵用的手持盾和阵地防御用的固定盾。材料有木、革、金属等。形状有圆形、椭圆形等多种，大多绘有颜色和图案。古代希腊和罗马多用，为中世骑士道象征。火器发达后逐渐弃用。

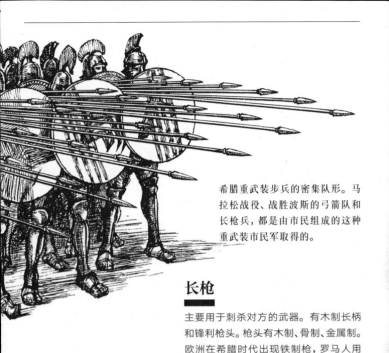

希腊重武装步兵的密集队形。马拉松战役、战胜波斯的弓箭队和长枪兵，都是由市民组成的这种重武装市民军取得的。

## 长枪

主要用于刺杀对方的武器。有木制长柄和锋利枪头。枪头有木制、骨制、金属制。欧洲在希腊时代出现铁制枪，罗马人用作重标枪 (pilum)，到中世出现长达 8 米的长枪。

手持盾牌和长枪的骑士
11 世纪 法国巴约 (Bayeux) 壁挂

罗马皇帝禁卫军

中国汉代盾牌

中国汉代盾牌

六朝武士
陶俑

明代步兵旁牌

中国汉代盾牌

明代骑兵旁牌

台湾原住民盾牌

法兰克王国步兵

十字军骑士

德意志条顿骑士团
(Teutonic order) 徽章

十字军➪广义指中世欧洲与异教
徒和异端者战争的基督教徒，狭
义指 11—13 世纪欧洲各国国民
为了解放被塞尔柱帝国 (Seljuq
Empire) 占领的基督教圣地巴勒
斯坦的远征军。多次远征大多以
失败告终。其结果是教宗权威落
地，贵族没落，王权伸张，东方
贸易繁荣，阿拉伯文化和科学技
术广泛传播，给西欧各都市带来
繁荣。

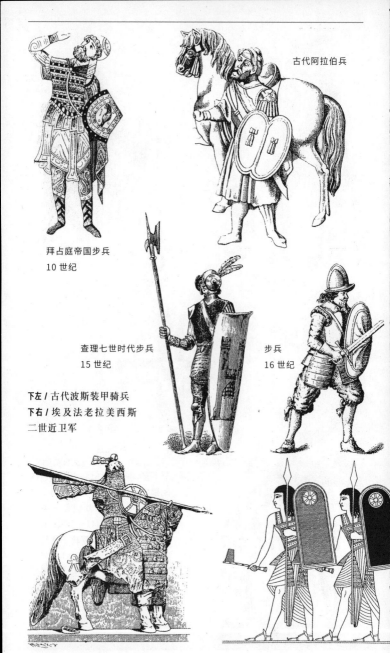

古代阿拉伯兵

拜占庭帝国步兵
10 世纪

查理七世时代步兵
15 世纪

步兵
16 世纪

**下左／**古代波斯装甲骑兵
**下右／**埃及法老拉美西斯
二世近卫军

## 刀剑

西洋刀剑⇨ *1.* 法兰克王国(Francia)短剑 *2.* 撒克逊(Scramasex)大刀 *3.* 10世纪末卡洛琳王朝的长剑 *4.* 剑鞘上缠有皮革的长剑(13世纪初) *5.* 14世纪后期长柄长剑

38页下段 *6.* 穿甲剑(Estoc) *7.* 15世纪后期的刀剑 *8.* 16世纪意大利装饰剑 *9.* 佛朗索瓦一世御用装饰剑

远古时代虽有石刀,但作为攻击性武器却是始于铜剑。被认为最古的青铜剑是西亚出土的3000年前的短剑身。哈尔施塔特(Hallstatt)文化出现铁剑后,青铜剑逐渐衰退。18世纪前后骑兵开始使用单刃佩剑(军刀),后欧美的剑大多为这种单刃佩剑。随着火炮的发达逐渐失去实用价值。

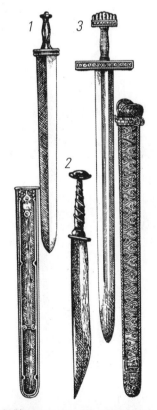
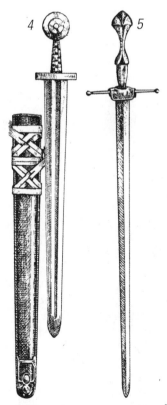

上/两把为 16 世纪东方的军刀
中/ 19 世纪轻骑兵用军刀
下/竞技用军刀

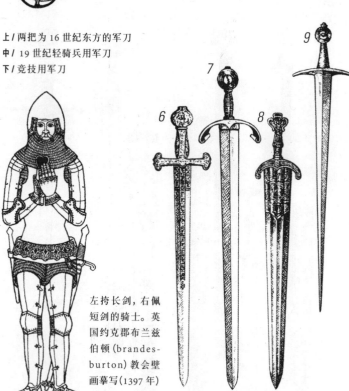

左挎长剑,右佩
短剑的骑士。英
国约克郡布兰兹
伯顿 (brandes-
burton) 教会壁
画摹写 (1397 年)

# 武器

战斗用器具。多指杀伤人和马用的器具。初为石斧等，后出现弓箭、青铜斧、铁斧，随后出现刀枪和甲胄。火炮虽然在 14 世纪便已出现，但在战争中确立重要地位却在 15 世纪以后，而且直至核时代的今日，还占有主要地位。

战斧⇨ **1.** 古代埃及的战斧 **2.** 古代罗马战士用战斧 **3.** 印度战斧 **4.** 13 世纪丹麦战斧 **5.** 高卢双刃战斧 **6.** 16 世纪欧洲战斧 **7.** 法兰克人战斧 **8.** 14 世纪欧洲战斧 **9.** 16 世纪欧洲战斧 **10.** 中非铁斧

# 军队

以军事为职业的武装集团。原始社会所有男子皆为战斗员，并无特别的军事组织。在阶级社会出现的同时，也出现了以军事为职业的常备军。自古至今，军队的存在意义便在于是维持国家权力的武装力量。其主要任务是使用暴力维持国内体制和对外达到国家的目的。其编制和装备，古代是步兵，封建时代是骑士团，绝对主义时代是佣兵，并由步兵到骑兵再到炮兵。进入近代资本主义社会后，许多国家实行征兵制度，一部分国家实行志愿兵制度，步兵、骑兵、炮兵、工兵、辎重兵等组成的陆军和以钢铁军舰为主的海军发达。20世纪以来，随着航空器材的发达，空军逐渐走强。

古代希腊的弓和箭筒

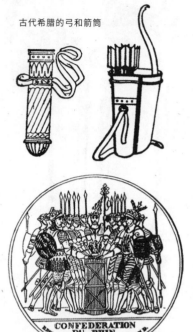

表现莱茵联盟的铜牌。中心绘有拿破仑的雄鹰

**弩机的演进➪左起 撬杠式弩机、齿轮式弩机、卷线式弩机**

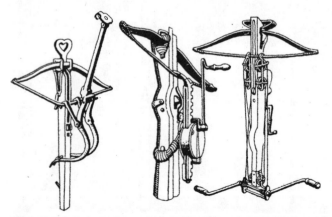

火枪的发明，改变了步兵的作战方式，出现了火枪队。上/16世纪初法国火枪队。

**长枪(矛)** ▷ 左起路易14世禁卫军的仪仗枪、15世纪骑士用长矛、17世纪意大利博尔盖塞(Borghese)枢机卿所用长矛、16世纪长矛

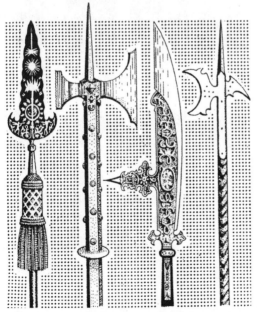

## 步兵

陆军主力。兵种中历史最为悠久。手持巨大盾牌和长枪的斯巴达步兵是古代国家的象征。中世骑兵成为主力。现在步兵还以步枪、机枪、冲锋枪等为主要武器，活跃在战场的最前线。

上 / 法国军服 ⇨ **1**. 路易 14 世时的炮手 **2**. 炮兵 (1758) **3**. 法国大革命时的步兵 **4**. 步兵 (1910) **5**. 掷弹兵 (1818) **6**. 步兵 (1878) 7.工兵 (1865) **8**. 步兵 (1878) **9**. 炮兵 (1890) **10**. 步兵 (1939)  **右页 / 英国军服** **1**. 军官 (1660) **2**. 掷弹兵 (1704) **3**. 士兵 (1742) **4**. 掷弹兵 (1768) 士兵 (1800) **6**. 军官 (1815) **7**. 士兵 (1854) **8**. 士兵 (187) **9**. 军官 (1914)

# 大炮

利用火药的爆发力发射弹丸的兵器，口径在 11 毫米以上，搬运和操作需要两人以上。按性能分为加农炮、榴弹炮、臼炮；按用途分为野战炮、重炮、山炮、步兵炮、高射炮、对战车炮、海军炮等。

最原始的大炮
14 世纪

后膛大炮
英国 15 世纪

石弹

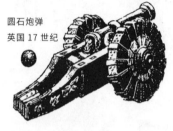

圆石炮弹
英国 17 世纪

格里博瓦尔式 (Gribeauval System) 大炮
法国 19 世纪初期

克虏伯 (Krupp) 近代大炮
德国 19 世纪中期

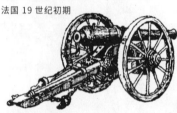

阿姆斯特朗 (Armstrong) 大炮
英国 19 世纪中期

迫击炮
法国
口径 81 毫米

重迫击炮

**大炮诞生** ➡ 14 世纪初阿拉伯发明，欧洲英军在克雷西会战 (Battle of Crecy) 中首次使用，14 世纪后期开始普及。炮身初期为青铜、铁等铸造，后演进为铸铁旋切，弹丸当初为圆石，后演进为铅弹、铸铁弹，再发展为现在的爆炸型榴弹、散弹等。

# 高射炮

对空射击的地面火器。始于 1912 年
德国陆军改良 75 毫米野炮并使用。
口径 75-150 毫米,最大到达高度 75
毫米为 7000 米,150 毫米达 2 万米。
命中率低,据统计第二次世界大战
前 4000 发才击坠一架飞机。

高射机关炮

加农炮
口径 10 厘米

高射炮

榴弹炮 口径 42 厘米

**加农炮**⇨ 炮身的长度超过口径 20 倍
以上的火炮,初速度高,通常平射用,
远距离亦能保持强大穿透力。根据用
途区分为野战重炮、战车炮、要塞炮
等。海军炮靠大射角获得长远距离。
从第二次世界大战起,自动装弹加快
发射速度,交换炮身内筒增加初速和
寿命等,加农炮性能得到改善。

# 机枪

扣住扳机连续射击，亦能单发射击的自动火器。分为重机枪、轻机枪和空冷式、水冷式，另外弹药装填分为弹匣式和传送带式。17世纪前后出现把几根枪管捆绑一起，手动连续发射的机枪，美国南北战争时期出现的加特林机枪非常有名。

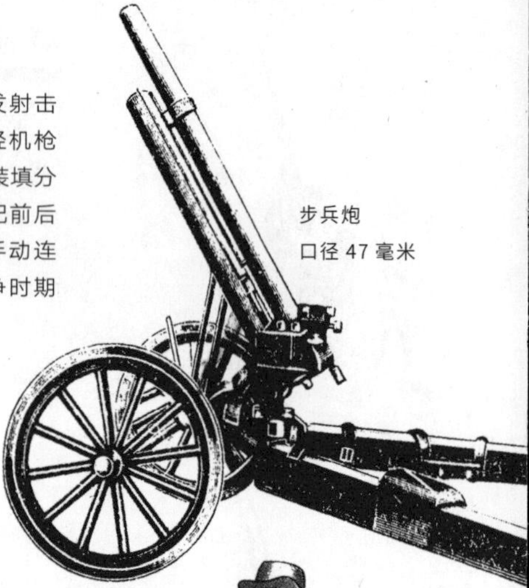

步兵炮
口径 47 毫米

初期加特林机枪 (Gatling Gun)

路易斯轻机枪 (Lewis Gun)

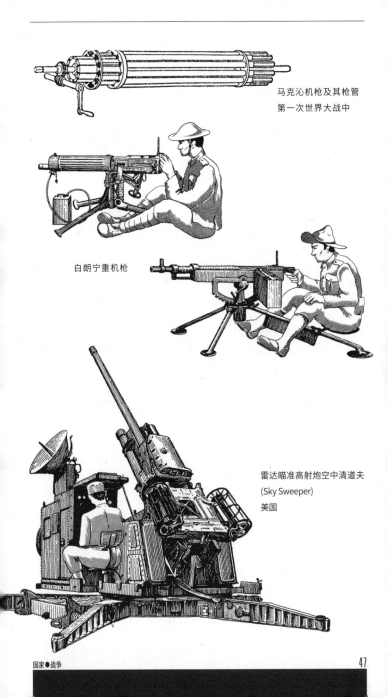

马克沁机枪及其枪管
第一次世界大战中

白朗宁重机枪

雷达瞄准高射炮空中清道夫
(Sky Sweeper)
美国

# 手枪

护身用或近距离战斗用，可单手操作的小型轻武器。在扣动扳机发射子弹的同时，下一发子弹自动上膛。子弹通常为6—10发。口径以英寸表示，45口径为100分之45英寸，其他还有38、32、25、22口径等。重量在0.5—1.3公斤之间。有效射程5—20米。大致可区分为枪身后部有莲藕状弹匣的左轮（转轮 Revolver）手枪和弹匣藏于枪柄内的自动手枪两种。前者是1835年美国柯尔特（Colt）取得击锤扳起后回转弹匣随之转动的单动扳机柯尔特左轮手枪专利，后更发明了双动扳机型左轮手枪。自动手枪是利用发射的后坐力完成退壳、装填全过程。

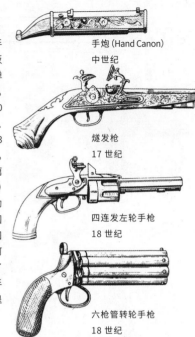

手炮（Hand Canon）
中世纪

燧发枪
17世纪

四连发左轮手枪
18世纪

六枪管转轮手枪
18世纪

最早的柯尔特38口径手枪
1835

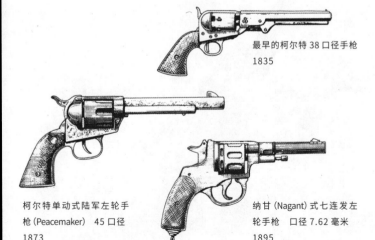

柯尔特单动式陆军左轮手枪（Peacemaker）　45口径
1873

纳甘（Nagant）式七连发左轮手枪　口径7.62毫米
1895

**自动手枪**⇨ 实质上是半自动手枪。扣动
扳机时，发射、退壳、装填自动完成。

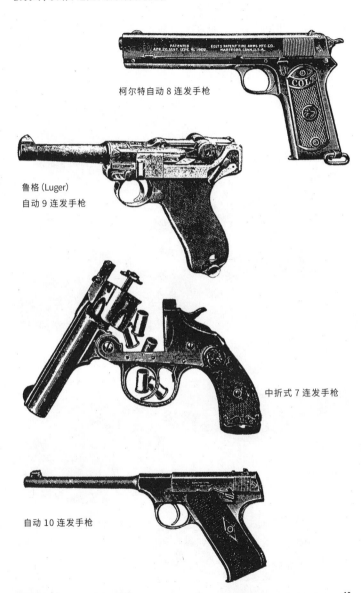

柯尔特自动 8 连发手枪

鲁格 (Luger)
自动 9 连发手枪

中折式 7 连发手枪

自动 10 连发手枪

# 坦克

装备有巨大攻击力大炮等，有强固的防御能力，履带传动，可在没有道路的原野等自由走行的战斗用车辆。古代有许多使用牛车等达到这一目的的事例。现代坦克（战车）是1916年9月第一次世界大战的索姆河战役中英军首次使用，排除了德军的机枪火力，发挥了奇袭效果。因为外形象当时的水罐（tank），也为了保持秘密，当时便称作Tank，后Tank（坦克）一名固定。

T34 型坦克
苏联 1941

圣夏蒙（Saint Chamond）型坦克
法国 1916

虎（Tiger）型坦克
德国 1944

A7VU 型坦克
德国 1918

M I 型坦克
英国 1916

M4 谢尔曼（Sherman）型坦克
美国 1941

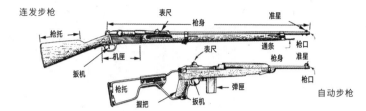

连发步枪

表尺　枪身　准星

枪托　机匣　通条　枪口

扳机　表尺　枪身　准星

枪托　弹匣　枪口

握把　扳机

自动步枪

上 / 潜射枪　潜伏在战壕内射击

下 / 各国步枪子弹形状

**步枪** ⇨ 小口径军用携带火器。分单发步枪、连发步枪以及自动步枪，而单发步枪早已不用。连发步枪通过操作枪机部分，利用弹簧作用，把弹匣内子弹装填到发射位置，扣动扳机，击锤撞击雷管，发射子弹。有效射程1500米左右。经过两次世界大战，几乎所有国家都装备有自动步枪。

**手榴弹** ⇨ 可用手投掷的小型榴弹。多用于接近战。铸铁弹体内装填炸药，配有简单的起爆用引信。重量在0.5公斤左右，投掷距离大约30米，炸伤范围大约半径10米，对人杀伤效果大。

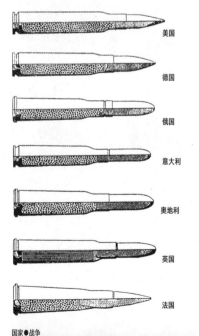

美国

德国

俄国

意大利

奥地利

英国

法国

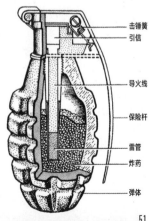

击锤簧

引信

导火线

保险杆

雷管

炸药

弹体

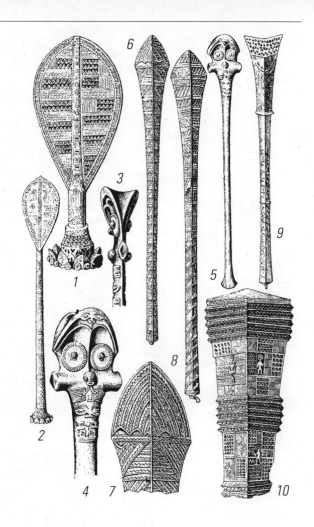

失去武器用途的波利尼西亚(Polynesia)
仪仗用棍棒⇨

1.—2. 弗雷泽岛赫维湾(Fraser Island Hervey
Bay) 3.—5. 马克萨斯群岛 6.—10. 汤加岛

♉ *Thaurus*

黄道十二星座●金牛座

## 海洋

海洋表面积 3 亿 6105 万 9000 平方公里,占地球表面积 70.8%,大多分布在水半球。连接一起的海水总体积为 13 亿 7032 万 3000 立方公里,平均水深 3975 平方米。分洋和海。面积宽广,有源于自身海域强海流的是洋,太平洋、大西洋、印度洋三洋合计占海洋总面积的 89%。海又被分为地中海、陆缘海、海湾、海峡等。地中海(陆间海)为深入大陆内部,由一个或数个海峡与大洋相连的海,比如欧洲地中海,北极海,美国地中海,澳大拉西亚地中海,波罗的海,黄海等。陆缘海为处于大陆外缘,由海岛或半岛不完全分割的海,比如白令海,鄂霍次克海,日本海等。

译注:杜梅岛(Ile Dumet)是法国西部卢瓦河口小岛,为陆半球中心(极)。

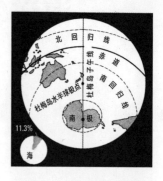

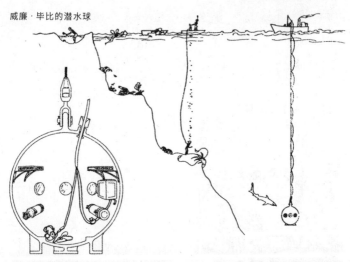

威廉·毕比的潜水球

**水半球** ⇨ 地球上，以南纬48°，西经179°为极的半球。除南极大陆和澳大利亚等以外都是海洋，水陆比为9.6:1。由地理学家阿尔布雷希特·彭克 (Albrecht Penck) 命名。

**陆半球** ⇨ 地球上陆地面积最为广大的半球。以法国卢瓦尔河河口为极。包括欧亚大陆、非洲大陆、美洲大陆（不含智利、阿根廷），水陆比约为1:1。

# 海图

以海洋为主体，绘有包括航海必须的海岸地形以及航路情况的图。广义上的海图包括以航海参考、学术、生产、资源开发等为目的绘制的海洋图。海图一般用墨卡托 (Mercator) 投影法绘制，偶有用球心投影大圆图法和多圆锥法绘制。

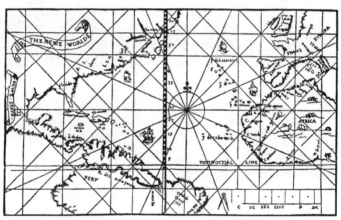

16世纪的大西洋海图。中央竖线划分了新旧两个世界。

## 潜水调查船

威廉·毕比 (William Beebe) ⇨ 美国生物学家、探险家 (1877-1962)。与巴顿 (Otis Barton) 共同开发潜水球深海探险，1934年树立深达923米的潜水记录。著述甚丰。

用于对海中和海底进行科学调查的潜水器。起始于美国毕比和巴顿发明的深海潜水球 (1934)，1950年代陆续建造可操纵航行的深海潜水器FNRS3号、的里亚斯特号 (Trieste)、阿基米德号等深海潜水器，可潜入深海几千至一万米以上进行调查。

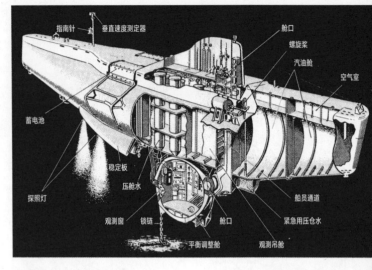

深海潜水器 FNRS3 号构造图

指南针　垂直速度测定器　舱口　螺旋桨　汽油舱　空气室　蓄电池　稳定板　压舱水　探照灯　观测窗　锁链　舱口　船员通道　紧急用压仓水　平衡调整舱　观测吊舱

小型潜水船

# 深海潜水器 Bathyscaphe

用于深海调查的潜水器。瑞士探险家伯特兰·皮卡德 (Auguste Piccard) 于 1948 年最早制造。运用与飞行船相似的原理潜航。在用薄钢板制造的浮力调节舱内装满汽油，与水压保持平衡，利用浮力舱的浮力悬吊球形耐压观察吊舱，整体保持自重和浮力的大致均等。给空气室内注水则下沉，需增加浮力时则放出铁制散弹，需减少浮力时利用适量放掉汽油来调节。下部的锁链沉入海底，能适当减少潜艇重量，保持潜艇能停止在海底的某个特定高度，利用左右的螺旋桨推进或旋回。

气囊式潜水

潜水筒

吊钟式潜水器

# 潜水服

头盔式潜水服为金属制头盔和橡胶防水布制潜水服完全密封，在潜水时需要同时身装适量铅块。与水上通过救生索和电话等连接，通过压缩机送入空气。其他还有仅包住头部的面罩式潜水服以及水中呼吸器 (水肺)等，多用于采集鱼贝类和体育运动等。

头盔式潜水器

金属制潜水器

面罩式潜水器

**水中呼吸器 (Aqua lung)** ⇨ 亦译作潜水器，水肺等。潜水用具。"aqua"是拉丁语"水"的意思，"lung"是拉丁语"肺"的意思。1942 年雅克 - 伊夫·库斯托 (Jacques-Yves Cousteau) 等发明。Aqua lung 是登录商标，正式名称为 scuba (水中呼吸器)。由装填压缩空气的氧气瓶和根据水压变化自动调整供氧的空气调节器 (regulator) 组成。潜水员头戴潜水面罩，身穿潜水服，脚蹬橡胶制脚蹼等进行潜水作业。

水中呼吸器
(水肺)

# 船

"船"指大型船，舟、艇指小型船，法律上均称作船舶。最原始的船为筏子、独木舟、芦苇舟、皮舟之类。古代埃及用纸沙草 (papyrus) 捆绑而成的纸沙草舟被认为是世界上最早的船之一。用独木舟做船底，两边增加木材做船舷等以后，出现了木结构船，后逐渐大型化，提高了凌波性。地中海各国的桨帆船 (galley) 为大型划桨船的代表性船舶。

筏➡ 主要用木材捆绑而成的水上输送工具。筏除用于河川自然漂流输送外，还有湖泊和海上曳引输送用筏。海洋用筏用材量大且组合方法特殊。热带常用竹子和轻木 (balsa) 等浮力较大的材料制作。

上 / 朝鲜筏型船
下 / 台湾竹筏

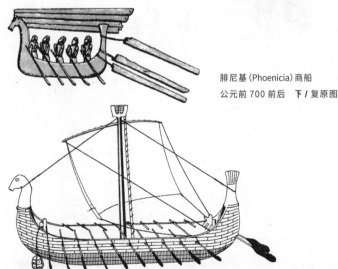

腓尼基 (Phoenicia) 商船
公元前 700 前后　下 / 复原图

古代埃及船

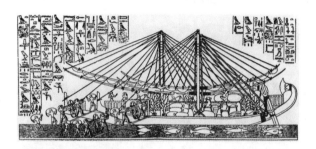

在庞特帝国装载香料的哈特谢普苏特 (Hatshepsut) 女王的船只⇨
戴尔-埃尔-哈巴利 (Deir-el-Ba-hari) 的哈特谢普苏特女王神殿浮雕 (第 18 王朝) 摹本。

斯巴达 (Sparta) 军船⇨
阿耳忒弥斯神殿 (Temple of Artemis) 出土的象牙浮雕摹本。左端是女神。此浮雕估计为航海平安归来后的士兵献给神殿的。

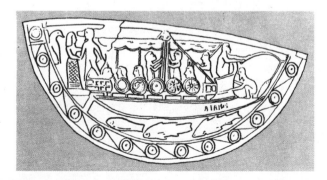

古希腊军船
公元前 550

古希腊军船
公元前 600

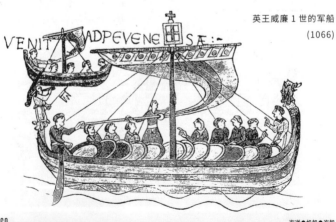

英王威廉 1 世的军船
(1066)

VENIT ADPEVENE SA:·

地理上的发现时代 (16 世纪初叶) 的大型船舶⇨ 此为德国画家阿尔布莱特·丢勒 (Albrecht Durer) 根据当时的徽章纹样刻制的木版画。

**大帆船 (galleon)** ⇨ 16 世纪至 18 世纪西班牙开发制造的大型帆船。在柚木、柳桉木以及马尼拉麻蕉等容易入手的马尼拉周边建造，主要用于太平洋航路。标准大帆船排水 200-300 吨，装备 20 门左右大炮，甚至还建造过排水超过 1000 吨的大帆船。特征为船艏楼和船艉楼高，最为重视的是船体的坚牢，而不是速度。西班牙的无敌舰队装备的即为此类帆船。

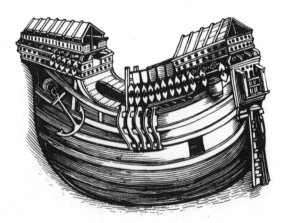

**桨帆船 (galley)** ⇨ 从古希腊和罗马时代起，安装大量船桨划桨而行的大型船在地中海就作为军船被广泛使用。中世发达于威尼斯和热那亚 (Genova) 等地中海沿岸各国的桨帆船被称作 galley 船。

威尼斯桨帆船 (1571)

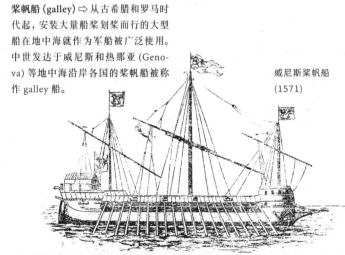

# 帆船

以帆受风而航行的船舶。在法律意义上，凡是主要以帆接受风力而行的船，即使装备有辅助动力，也被称作帆船。古代埃及就已经出现了横帆样式的帆船。帆船出现质的脱变是在15-16世纪。最后尾桅杆安装大三角帆(Lateen)后使操纵变得简单，再加上地理上的大发现，以开拓远洋贸易航路等为背景，促成大型远洋帆船的完成。19世纪前半虽是帆船的全盛时代，出现了5000吨的大型帆船和快速帆船(clipper)，但很快便被新出现的汽船所取代。

**帆**⇨ 悬挂在桅杆上，利用风力推进船舶航行，操纵航行方向的装置。一般都是用帆布制作成四方形或三角形。帆装样式分为纵帆和横帆，风帆因悬挂的位置不同皆有固有名称。

全帆展开的
四桅帆船各帆名称

**四桅帆船各帆名称**⇨ **1.** 前桅帆 **2.** 主帆 **3.** 后桅帆 **4.** 最后桅帆 **5.** 前桅下帆 **6.** 主桅下帆 **7.** 后桅下帆 **8.** 最后桅下帆 **9.** 前桅上饭 **10.** 主桅上帆 **11.** 后桅上帆 **12.** 最后桅上上帆 **13.** 前桅上上帆 **14.** 主桅上上帆 **15.** 后桅上上帆 **16.** 最后桅上上帆 **17、18、19、20.** 顶桅帆 **21、22、23、24.** 天帆 **25.** 艏三角帆 **26.** 外艏帆 **27.** 内艏帆 **28.** 前顶桅支索帆 **29.** 后纵帆 **30.** 帆脚索 **31.** 帆端上拉索 **32.** 缩帆滑车 **33.** 转帆索 **34.** 前帆脚索 **35.** 前桅支索帆脚索 **36.** 内艏帆脚索 **37.** 外艏帆脚索 **38.** 艏三角帆脚索

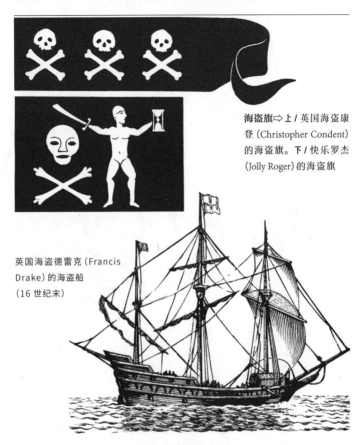

海盗旗⟹ 上 / 英国海盗康登 (Christopher Condent) 的海盗旗。下 / 快乐罗杰 (Jolly Roger) 的海盗旗

英国海盗德雷克 (Francis Drake) 的海盗船 (16 世纪末)

**桅杆**⟹ 垂直或基本垂直固定在船体上的木制或金属制支柱。本来是帆船悬挂风帆的桅杆，一般有一至四根。现在的商船用作起重机支柱、天线支柱或旗杆等。还有很多轮船废除单根桅杆，变成门型起重机(门吊)支架。军舰多变为与舰桥一体化的构造物。

## 海盗

在海上掠夺其他船只，或在海洋沿岸烧杀抢劫的盗贼。海盗行为自古以来世界各地都有发生，但海盗与海盗行为的区别常常比较困难。8—11 世纪以北欧为根据地诺曼人维京 (viking) 肆虐各地，中世伊斯兰人海盗称霸从地中海到亚洲的宽阔海域。近代，特别是英国伊丽莎白王朝时代，英国的私掠船 (Privateer) 等其他海盗船横行霸道大西洋，出现了许多有名的大海盗。

上 / 卡拉维尔帆船（caravel）哥伦布的圣玛利亚号（1492）右 / 从船艉看圣玛利亚号的木版画

东印度贸易船
（1775）

克拉克帆船
(Carrack) (1450)

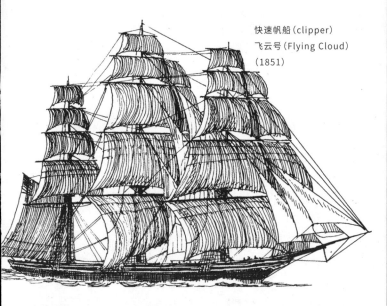

快速帆船(clipper)
飞云号 (Flying Cloud)
(1851)

海洋●帆船●汽船

英国木帆船
（1756）

双桅纵帆船各部名称⇨ **1.** 艏支索帆 **2.** 支索帆 **3.** 艏三角帆 **4.** 斜桁纵帆 **5.** 主帆 **6.** 支索帆 **7.** 后桅纵帆 **8.** 斜桁帆 **9.** 横帆

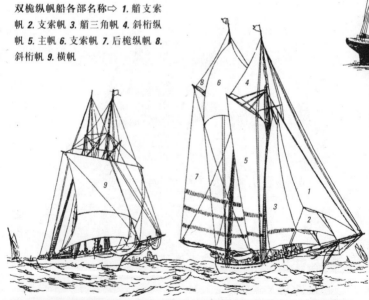

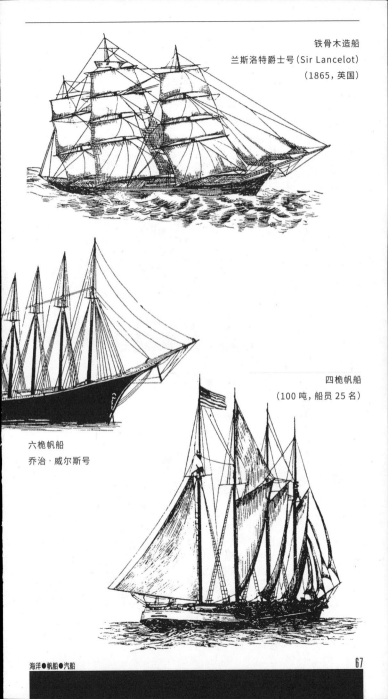

铁骨木造船
兰斯洛特爵士号（Sir Lancelot）
（1865，英国）

四桅帆船
（100 吨，船员 25 名）

六桅帆船
乔治·威尔斯号

**主要帆船种类**

大帆船

**多桅帆船** ⇨ 有 3 根或 4 根桅杆，除最后部的桅杆悬挂纵帆以外，其余桅杆均悬挂横帆的帆船

多桅帆船

**前桅横帆三桅船 (barquentine)** ⇨ 拥有三根桅杆，仅前桅悬挂横帆，其余均悬挂纵帆的帆船。

前桅横帆三桅船

前桅横帆双桅船

双桅混合式帆船

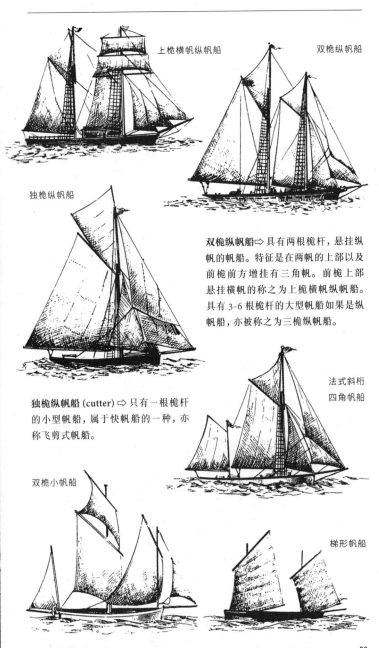

上桅横帆纵帆船

双桅纵帆船

独桅纵帆船

**双桅纵帆船**⇨ 具有两根桅杆，悬挂纵帆的帆船。特征是在两帆的上部以及前桅前方增挂有三角帆。前桅上部悬挂横帆的称之为上桅横帆纵帆船。具有 3-6 根桅杆的大型帆船如果是纵帆船，亦被称之为三桅纵帆船。

**独桅纵帆船 (cutter)** ⇨ 只有一根桅杆的小型帆船，属于快帆船的一种，亦称飞剪式帆船。

法式斜桁
四角帆船

双桅小帆船

梯形帆船

航海用六分仪

航海用六分仪⇨ 1.分度弧 2.指标干 3.指标镜 4.水平镜 5.望远镜 6.测微鼓 7.握把 8、9.滤色镜

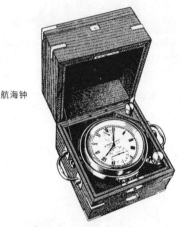

航海钟

**罗盘**⇨ 又称罗盘仪、指南针。确定轮船和航空器方位和位置的最基本仪器。以北为 0 度,把一周划分为 360 度。

罗盘方位的点式
方位判读法

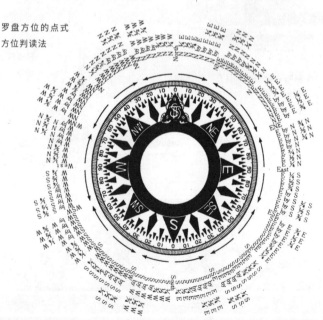

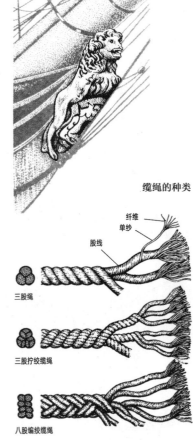

**缆绳的种类**

纤维
单纱
股线

三股绳

三股拧绞缆绳

八股编绞缆绳

船艏像
**上左 /** 胜利号(Victory)
(1755,英国)
**上右 /** 辛巴号
(1878,英国)

**救生衣**⇨ 内装软木、木棉等
有浮力的材料,或者仅用气
体膨胀起来的,布制或橡胶
制的背心。船舶、飞机等必
须常备超出最大承载人数的
救生衣,以便遇难时逃离并
在海面漂浮。

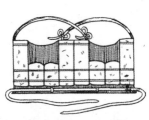

# 游艇

用于游览或运动的特殊帆船。广义的游艇还包括动力帆艇，而一般意义上的游艇仅指风力帆艇。使用目的分为巡航、赛艇、游览等，帆装样式分为独桅艇、单桅纵帆艇、高低桅帆艇、双桅小帆艇等。小型游艇构造比较简单，一般只有半甲板的简单艇体。为了保持船体稳定和防止横走，仅在船底安装能随时上下的活动船板（centerboard）。但是外洋用游艇则具有龙骨构造，大型巡航用游艇更设有船舱和其他居住设备。操纵原理与其他帆船同样，但需要具有操作游艇的特殊技能。

下风版

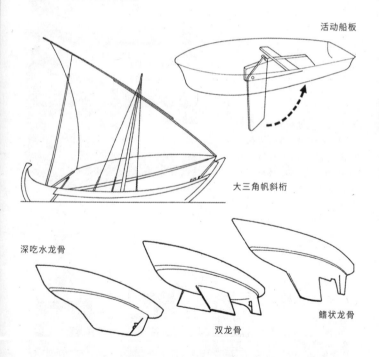

活动船板

大三角帆斜桁

深吃水龙骨

双龙骨

鳍状龙骨

**小艇 (dinghy)** ⇨ 最小型的赛艇用游艇。帆装样式为一根桅杆的单桅帆。操纵简单，可高速航行。国际单式12英尺小艇最具代表性。另外，大型帆船上搭载的手划桨小型接驳船、悬挂风帆的小型救命艇等也被称作小艇。

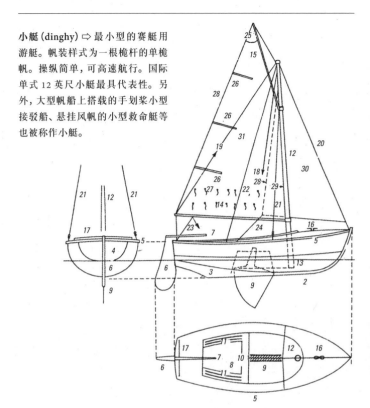

**游艇的船体及设备** ⇨ 1.船艏柱 2.龙骨 3.龙骨艉鳍 4.艉横版 5.护舷材 6.舵 7.舵柄 8.艉凹舱(座席) 9.活动船板 10.划桨手坐席 11.舷侧长凳 12.桅杆 13.桅杆座 14.纵帆下桁 15.纵帆上斜桁 16.系缆枕 17.帆索滑动杠 (sheet traveler) 18.升帆索 19.最高升程 20.艏帆拉索 21.固定索(静索) 22.后支索 23.主帆脚索 24.船艏三角帆脚索 25.帆顶加固件 26.横栈 27.缩帆索 28.帆后缘 29.迎风飘帆(帆前缘) 30.船艏三角帆 31.主帆

**龙骨 (keel)** ⇨ 在船底部，从船艏纵贯船艉，发挥底部脊柱作用的最重要部分。有方形龙骨和平板龙骨之分，但大型游艇为确保在船台和船坞停靠时的稳定，全部采用平板龙骨。

球缘龙骨
(bulb keel)

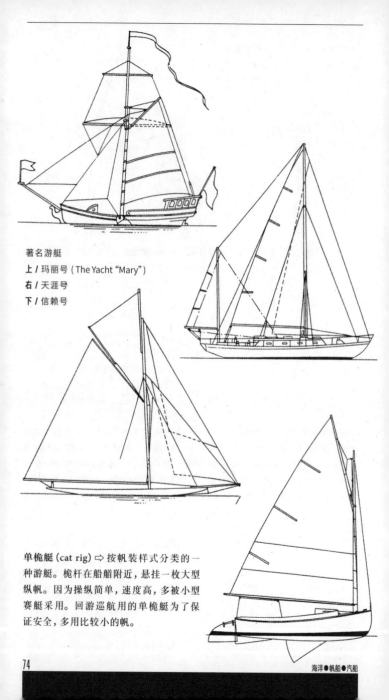

著名游艇
**上 /** 玛丽号（The Yacht "Mary"）
**右 /** 天涯号
**下 /** 信赖号

**单桅艇（cat rig）** ⇨ 按帆装样式分类的一种游艇。桅杆在船艏附近，悬挂一枚大型纵帆。因为操纵简单，速度高，多被小型赛艇采用。回游巡航用的单桅艇为了保证安全，多用比较小的帆。

风向与进行方向的关系

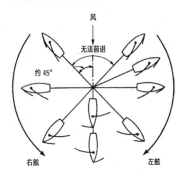

风

无法前进

约45°

右舷

左舷

单桅纵帆船

**帆船的航行原理** ⇨ 帆受风从而推动帆船航行。推进力是帆的张力和阻力的船体中心线方向的合力，也就是前方和后方的分力之差。此时船体因为侧面受风，因此实际进行方向与船体中心线并不一致，而是朝着下风头方向，稍微斜向航行。影响帆船航行效率的因素虽然很多，但若想增加推进力，只要提高风帆的张力即可。不过风帆的张力与迎角(帆面与风向之间的角度)几乎成正比，所以过大则会比例失调，反而会使张力减少。因此，在航行中帆不断变换开角(帆与船体中心线之间的角度)，尽量保持最大张力。一般来说，帆船的最高速度并不是从船艉吹来顺风时，而是从正侧面附近吹来侧风时才能达到。

**单桅纵帆船 (Sloop)** ⇨ 按帆装样式分类，游艇中最为基本的一种样式。一般情况下只有一根桅杆，悬挂主帆和船艏三角帆两枚风帆。船形比较细长，船舵比较容易操纵，也比较轻快。在竞赛用单式游艇中，飞翔的荷兰人(Flying Dutchman)、星型、飓风型等都属于单桅纵帆船。

鱼鳞压叠式隔板　平铺式隔板

游艇的船体

独桅纵帆船

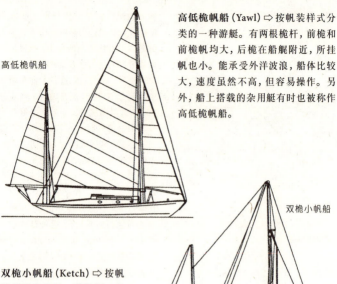

高低桅帆船

**高低桅帆船(Yawl)** ➪ 按帆装样式分类的一种游艇。有两根桅杆，前桅和前桅帆均大，后桅在船艉附近，所挂帆也小。能承受外洋波浪，船体比较大，速度虽然不高，但容易操作。另外，船上搭载的杂用艇有时也被称作高低桅帆船。

双桅小帆船

**双桅小帆船(Ketch)** ➪ 按帆装样式分类的一种游艇。与高低桅帆船相似，有两根桅杆，取其长处。帆比高低桅帆船更宽大，船体也更大一些。被广泛作为巡航艇使用。

双桅纵帆船
(Schooner)

**巡航艇** ➪

巡航用游艇的总称，是针对竞赛用游艇而言。在设计上相对于速度，更重视耐航性、操作性和居住性。帆装样式有多桅纵帆船、高低桅帆船、双桅小帆船、双桅纵帆船等。其中双桅纵帆船最适合外洋巡航。巡航用艇一般船体既大又深，从半甲板小型帆船到拥有可供长期居住的船舱和设备，重达数百吨的大型帆船均有。大型帆船均备有辅助动力。

**小型游艇种类**

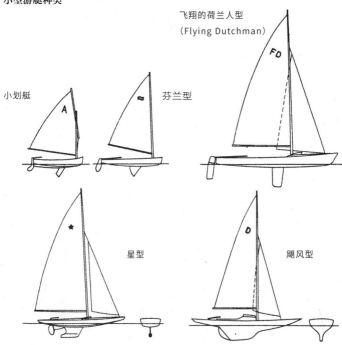

飞翔的荷兰人型
(Flying Dutchman)

小划艇

芬兰型

星型

飓风型

英国王室的巡航艇
不列颠尼亚号(Britannia)
1954 年 4 月进水　排水量 4715 吨　全长 413 英尺
全宽 55 英尺　吃水 16 英尺　巡航速度 21 节

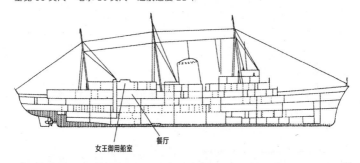

女王御用船室　　餐厅

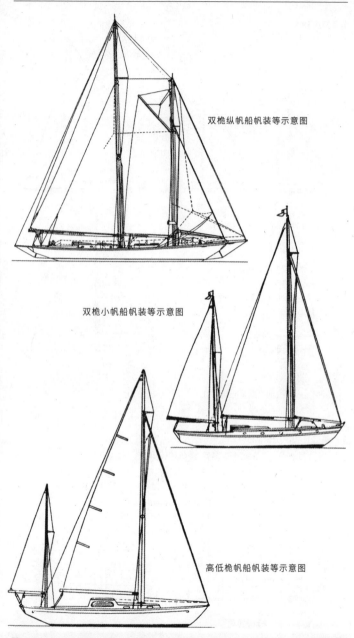

双桅纵帆船帆装等示意图

双桅小帆船帆装等示意图

高低桅帆船帆装等示意图

明朝用于防御倭寇的官船
《筹海图编》

**中国帆船(Junk)** ⇨ 中国式帆船的特征是船内由纵横多道隔墙隔开，没有水平纵向加强肋。帆为草席或麻布的纵帆。外海用帆船构造坚固，有的重达400吨，多从事东海和南海沿岸贸易。内陆用帆船则为小型、平底、吃水浅，备有手摇桨的小型帆船。

中国帆船

**疍民** ⇨ 居住在中国广东省珠江下游、福建省闽江下游的种族。主要从事鱼业、水运、采集珍珠等职业。以小船为家，在水上生活。

疍民船

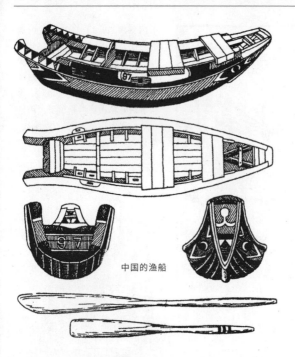

中国的渔船

**独木舟 (Canoe)** ➪ 划桨前行的原始小船。Canoe 本为美国印第安语言。有的仅用一根木材抠挖而成，有的用木材做骨架，然后用树皮、兽皮包裹而成，有的用芦苇类材料捆扎而成。现在 canoe 一词成为前后尖头小船的总称，还包括竞赛用的小艇。

汉口郊外用鱼鹰捕鱼的小舟

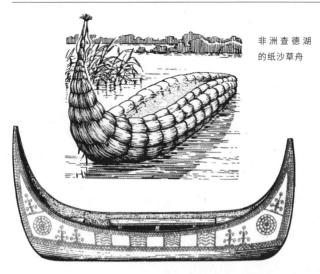

非洲查德湖的纸沙草舟

台湾雅美族渔船 可乘坐 1—2 人的拼板小船

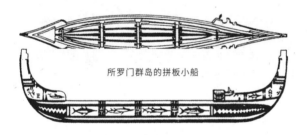

所罗门群岛的拼板小船

**凤尾船**⇨

又译贡多拉 (Gondola)。意大利威尼斯用于运河交通的小船。长约 7—10 米，宽约 1.2—1.5 米，平底，船艏和船艉高翘，船夫站在船艉的台子上摇桨航行。中间的客舱可乘坐 5—6 人。11 世纪前后开始使用，16 世纪最为兴盛，达一万艘以上。船的颜色根据市议会立法规定，自 1562 年起统一为黑色。

凤尾船
16 世纪前后

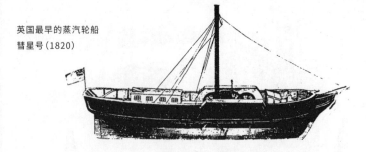

英国最早的蒸汽轮船
彗星号(1820)

大不列颠号
(1843)

**明轮船**⇨ 利用安装在船艉或船中央部两侧的明轮的回转推进航行的轮船。明轮是早期蒸汽轮船的推进机构，利用水车外周的轮叶拨水。轮叶分固定叶式和活叶式。活叶式在旋转中，叶轮入水时以及划水时，均能自动变换到最合理的角度。

活叶式明轮

最早横断大西洋的萨凡纳号
(SS Savannah)
(美国 1819)

乔纳森·黑尔 (Jonathan Hales)
的蒸汽船
(1736)

克莱蒙特号

**克莱蒙特号 (Clermont)** ⇨
美国的罗伯特·富尔顿 (Rob-
ert Fulton) 于 1807 年发明的
实用蒸汽轮船。作为哈德逊
河的定期航班，运航在纽约
至奥尔巴尼城之间。克莱蒙
特号全长 40.5 米，宽 5.5 米，
安装气缸直径 61 厘米，直径
4.6 米的明轮推进器。

**透平尼亚号 (Turbinia)** ⇨ 世界上首次采用
蒸汽涡轮机作为主动力的蒸汽船，1894
年在英国建造。总重 4000 吨。安装英国
帕森斯 (Sir Charles Algernon Parsons)
发明制造的 2400 马力涡轮机，1897 年的
试航最高速度达到 34.5 节，奠定了涡轮
机作为船用高速动力的地位。

透平尼亚号

# 蒸汽轮船

轮船利用蒸汽机关推进航行始于19世纪初，1807年罗伯特·富尔顿 (Robert Fulton) 发明建造的克莱蒙特号作为最早进行商业运航的轮船而广为人知。最早的轮船基本都是明轮推进，1839年开始运航的阿基米德号以后，改为螺旋桨推进。另外，19世纪随着轮船的出现，造船的材料也发生了革命性变化，从木造船到木、铁混造船，再到铁造船，1879年建造的罗托马哈纳号 (The Rotomahana ship 1777吨) 是最早的一艘远洋钢造船。

**大东方号 (The Great Eastern)** ⇨

1858年英国建造的一艘重达1万8915吨的巨型轮船。英国人伊桑巴德·金德姆·布鲁内尔 (Isambard Kingdom Brunel) 设计。推进蒸汽机关为两个明轮和一个螺旋桨推进器，还有桅帆，航速15节。为淘金热正盛的澳大利亚航路而建。

**豪华邮轮毛里塔尼亚号 (Mauretania)** ⇨

建造于1907年。3万2000吨蒸汽涡轮发动机轮船，功率6万8000马力。

美国南北战争时北军的
莫尼特号战舰 (The USS Monitor)

美国独立战争时期的潜水艇

富尔顿发明的鹦鹉螺号 (Nautilus) 桅帆动力潜水船 (1801)

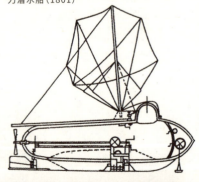

大东方号

毛里塔尼亚号 1907

1800 年

1840 年

1860 年

1880 年

**螺旋桨**⇨船舶用推进器。桨叶形状像古代日本的礼帽"乌帽子"。桨叶在水中旋转把水推向后方,船舶靠由此产生的反动力航行。材料为耐海水腐蚀的锰青铜、铝青铜等。小型轮船的螺旋桨桨叶一般只有 2 片,高速旋转的螺旋桨需要 3 片,而货船、油轮等吃水深度变化大的大型船舶螺旋桨则由 3-6 片桨叶组成。

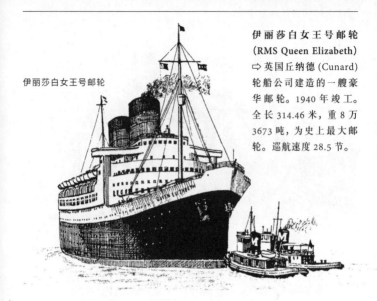

**伊丽莎白女王号邮轮
(RMS Queen Elizabeth)**
⇨英国丘纳德 (Cunard)
轮船公司建造的一艘豪
华邮轮。1940 年竣工。
全长 314.46 米，重 8 万
3673 吨，为史上最大邮
轮。巡航速度 28.5 节。

伊丽莎白女王号邮轮

美国号邮轮

**美国号邮轮 (United States)** ⇨ 美国航线的客船。1952
年美国政府建造，后转卖给民营企业。长 302 米，
宽 31 米。总吨位 5 万 3329 吨，总载客数 1966 人。
1952 年处女航海时刷新了横断大西洋所要时间最短
记录，并获得蓝带奖 (Blue Riband)。
(译注：蓝带奖是授予横断大西洋最快船舶的奖。始
于 1830 年。)

Ⅱ Gemini

黄道十二星座●双子座

## 热气球

分能在大气中自由飞行的自由气球和系留气球两种。1783 年法国人罗吉尔（Rozier）利用蒙戈菲尔兄弟（Montgolfier）用纸制作的气囊填充热空气的自由气球，完成了人类最早的自由飞行。现在的气球多为橡胶或塑料膜制作，装填气体为氢气或氦气。

列奥纳多·达·芬奇的扑翼机
16 世纪初

## 飞机

因为有动力，所以不同于滑翔机，而因为有固定翼，所以又不同于直升机。1903 年美国莱特兄弟发明安装 12 马力汽油发动机的复翼机（双翼机）并成功飞行，被公认为人类最早的飞机。而在这之前，英国人阿瑟·凯莱（Arthur Cayley）等人的理论研究和模型实验，德国人奥托·李林塔尔（Otto Lilienthal）超过 2000次以上的滑翔机飞行等，都为莱特兄弟的发明奠定了坚实基础。

法国锁匠贝尼埃发明的扑翼机
1678

美国莱特兄弟发明的具有划时代意义的飞机具有 12 马力的动力，左右各有一个螺旋桨推进器，人需趴伏在飞机上操纵。时速 48公里。

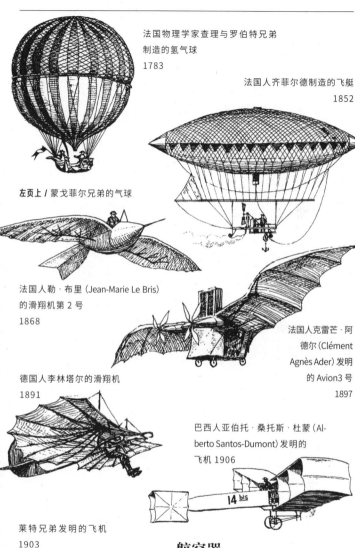

法国物理学家查理与罗伯特兄弟
制造的氢气球
1783

法国人齐菲尔德制造的飞艇
1852

**左页上 /** 蒙戈菲尔兄弟的气球

法国人勒·布里 (Jean-Marie Le Bris)
的滑翔机第 2 号
1868

法国人克雷芒·阿
德尔 (Clément
Agnès Ader) 发明
的 Avion3 号
1897

德国人李林塔尔的滑翔机
1891

巴西人亚伯托·桑托斯·杜蒙 (Al-
berto Santos-Dumont) 发明的
飞机 1906

莱特兄弟发明的飞机
1903

## 航空器

分为轻于空气的轻航空器和重于空气的
重航空器。前者为无动力的气球以及有
动力的飞艇,后者包括无动力的滑翔机
以及有动力的飞机、直升机等。

1903 年 12 月 17 日莱特兄弟人类历史上首次动力飞行。
美国北卡罗莱纳州小鹰镇

美国航空先驱塞缪尔·兰利(Samuel Pierpont Langley)发明的第 5 架模型飞机。从船上弹射起飞，飞行 128 米后落水(1890)。

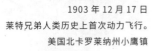

法国人克雷芒·阿德尔(1841-1925)发明的 Avion 号。可飞行，但不能操纵，遂即毁坏(1890-99)。

法国亨利·法曼(1874-1958)发明的尾部为箱型风筝式的双翼飞机。创造了飞行 1 公里以上的欧洲最早飞行记录。同时也创造了世界上首次在空中旋回后安全降落到起飞地点的记录(1907)。

因 1909 年英国海峡横断飞行(37 分钟)而出名的法国人路易·布莱里奥(Louis Blériot)驾驶的飞机。装备有 25 马力的汽油发动机，最高时速 75 公里。

第一次世界大战初期德国的福克 E-4 战斗机。世界上第一架从螺旋桨桨叶之间发射机关枪子弹的战斗机。

杰弗里·德·哈维兰(Geoffrey de Havilland 1882-1965)设计的英国战斗机 DH-2。作为初期战斗机于 1916 年登场,时速 150 公里,机关枪置于前部。

德国战斗机信天翁(Albatros)D-111 机身为胶合板硬壳式结构。

第一次世界大战时盟军最大的轰炸机亨德里·佩奇(Frederick Handley Page)HP-0/400(英国)。

用于轰炸伦敦的德国双发重型轰炸机哥达 IV (Gotha G.IV)。

斯帕德(SPAD)战斗机
法国空军用战斗机。

德国空军的福克 (Fokker) DR-1，属于当时流行的三翼式战斗机。里希特霍芬男爵 (Manfred Albrecht Freiherr von Richthofen, 1892-1918) 驾驶此型战斗机取得赫赫战绩。

1917 年前后以轻快敏捷的机动性著名的英国战斗机索普维斯"骆驼"(Sopwith Camel) 战斗机。

英国的双座战斗机布里斯托尔(Bristol F.2 Fighter)

寇蒂斯 (Curtiss) JN-4D。又被称作詹尼 (Jenny)，美国教练机。战后多被转让给民间。因常用作飞行表演，故又被称作"空中吉普赛"等。

英国德·哈维兰 (De Havilland) DH-9c 型客机。由战时轰炸机改装成的初期客机。用于伦敦与巴黎之间的定期航线。

德国的容克斯 (Junkers) Ju-13 型客机。最早一架作为民用飞机设计的飞机，也是全世界最早一架全金属制客机。

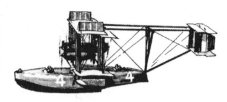

美国海军寇蒂斯(Curtiss)
NC-4 型水上飞机。装备四
基 400 马力发动机。1919 年
从纽芬兰起飞,经由亚速尔
群岛 (Azores),飞抵里斯本,
首次成功飞越大西洋。

英国威克斯·维美(Vickers Vimy)重
型轰炸机。装备两基 360 马力发动机。
1919 年从纽芬兰起飞,成功飞抵爱
尔兰,创下无着陆直接飞越大西洋的
新纪录,可惜着陆时机首直接触地面受
损。最高时速 165 公里。

美国寇蒂斯(Curtiss)CR-3 型水上飞机。500
马力发动机,1923 年创造 365 公里当时最高
时速记录。

荷兰福克 (Fokker) F- VII B-3
m 型单翼飞机。世界上最早
的一架三发单翼飞机(200 马
力)。创造了多项长距离飞
行记录和飞越大洋的记录。

美国林德伯格(Charles Augustus
Lindbergh,又译林白)圣路易斯
精神号 (Spirit of St. Louis.) 单翼
飞机。创下从纽约至巴黎无着陆
飞越大西洋的记录。

德国道尼尔(Dornier) Do-X 型运输飞
船。安装有 12 基 615 马力发动机,总重
约 55 吨,载客 75 人,机翼长 48 米,时
速约 209 公里。但因为机体巨大,并不
太实用(1929)

1930 年创 13 小时余横断美国大陆新纪录的美国洛克希德(Lockheed Orion，奥利安)型飞机。采用完全收藏式着陆装置。

英国的亨德里·佩奇(Frederick Handley Page) HP-42 型"汉尼拔(Hannibal)"客机。装备四基 490 马力发动机，载客 38 人(1930)。

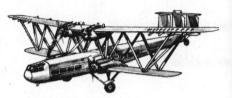

英国超级马林 (Supermarine)S-6B 型水上飞机。装备 2300 马力发动机，1931 年创下时速 804.5 公里的最高记录。为喷火战斗机(Spitfire)的前身。

美国洛克希德(Lockheed)织女星(Vega)型飞机。1931 年创世界周回长距离飞行记录。威利 - 波斯特 (Wiley Post 1900-35) 驾驶该型机创 8 日 15 小时 51 分钟单独环绕地球飞行一周记录。

美国波音(Boeing) P-26 战斗机。装备 550 马力发动机，时速 346 公里，为当时世界最高速战斗机(1931-32)。

美国波音 B-9 重型轰炸机。史上首架全金属双发重型轰炸机。时速约 300 公里。

美国吉比超级运动之星型 (Gee Bee Model R Super Sportster) 竞技用飞机。1932 年树立 473.82 公里的陆基飞机最高时速。

法国德瓦蒂纳 (Dewoitine 又译地瓦丁) D-332 型客机。搭载 3 基 600 马力发动机，载客 14 人，时速 250 公里 (1933)。

英国德·哈维兰 (De Havilland Comet) DH-88 彗星型客机。小型、高速、双发长距离高速机。1934 年以 71 小时 18 秒 (实际飞行时间 63 小时 55 分钟) 获英国至澳大利亚飞行比赛冠军。最高时速 378 公里，最长续航距离 4640 公里。

美国马丁 (Martin) M-130 型水上飞机。总出力 3300 马力 (四发)，载客 46 人，往返极东航线的水上飞机被称作中国飞剪号 (China Clipper) (1935)。

美国道格拉斯 (Douglas) DC-3 型飞机 (1936-37)。第二次世界大战中作为军用运输机屡立战功。战后被日本等国用作客机。

美国波音 (Boeing Model 7) 307 "Stratoliner" 客机。世界上第一架拥有客舱增压系统，飞行在平流层的客机 (1938)。装备四基 1100 马力发动机，机组人员 5 人，载客 33 人，最高时速 388 公里。

德国容克斯 (Junkers) Ju-87 型轰炸机。纳粹德国侵略波兰和法国时活跃一时的俯冲式轰炸机。也因此德语用俯冲式轰炸机简称"stuka"来简称该型机。最高时速390公里 (1938)。

德国梅塞施密特 (Messerschmitt) Me-109 型战斗机。1932 年首飞，后从 A 型到 G 型大量生产。G 型最高时速 730 公里。

英国当时最具代表性的威克斯·超级马林 (Vickers Supermarine) 喷火战斗机 (Spitfire)。最高时速 582 公里。有各种型号，均以操作轻快的运动性能见长。

英国威克斯 (Vickers) 威灵顿式 (Wellington) 重型轰炸机。第二次世界大战开战当时英国飞行距离最长双发重型轰炸机，机首和机尾均安装有机关枪。

英国桑德兰 (Short S.25 Sunderland) 巡逻用大型水上飞机。虽被德国潜水艇视为克星，但也常被德国和意大利战斗机当做活靶。最高时速 338 公里 (1938)。

美国波音 B-17 型空中堡垒 (Flying Fortress) 轰炸机。美国四发长距离重型轰炸机。

英国德·哈维兰 DH-98"蚊式"(De Havilland DH-98 Mosquito) 轰炸机。第二次世界大战中出现的英国全木制小型高速轰炸机，反转性能极高，战斗、侦查、攻击、轰炸等各种用途均有制造。

美国的团结 B-24J"解放者"(Consolidated B-24 Liberator) 轰炸机。1200 马力，四发重型轰炸机。第二次世界大战中共生产 1 万 8 千架。

盟军最早的喷气机格罗斯特 (Gloster) E.28/39。安装弗兰克·惠特尔爵士(Sir Frank Whittle) 设计的涡轮发动机的试验机。

德国容克斯 (Junkers) Ju-88 双发中型轰炸机。

美国格鲁曼 F-6-F 地狱猫 (Grumman F-6-F Hellcat) 战斗机。美国海军的舰载机。第二次世界大战中共生产 1 万架以上，安装 2000 马力发动机，最高时速 579 公里。

美国北美 P-51"野马式"(North American P-51 Mustang) 战斗机。曾参加朝鲜战争。最高时速 700 公里。

英国兰卡斯特 (Avro Lancaster-1) 轰炸机。四发大型轰炸机,能装载 10 吨炸弹,最高时速 483 公里。

美国波音 B-29 超级空中堡垒 (B-29 Super Fortress) 战略轰炸机,因第二次世界大战中空袭日本著名。当时美军飞行距离最长重型轰炸机。安装四基 2200 马力发动机,续航距离 5230 公里,最高时速 550 公里,可搭载 4 枚 540 公斤炸弹。具有加压机舱、雷达装置、遥控机关枪等赞新的装备。

意大利初期喷气验证机卡普罗尼 - 坎皮尼 (Caproni Campini N-1)。因为采用活塞式喷气发动机,最高时速仅为 209 公里。

美国贝尔 X-1 (Bell X-1) 高速试验机。使用强力火箭发动机,是人类首次超越音速的超音速试验机。从 B-29 机腹下启动火箭发动机脱离后滑行飞行。火箭发动机可燃烧 2.5 分钟 (1947)。

德国梅塞施密特 Me-262 "飞燕" (Messerschmitt Me 262 "Schwalbe") 喷气式战斗机。世界上最早一架投入实战的喷气式战斗机。双发,最高时速 870 公里 (1943)。

米国格鲁曼 F-9-F 黑豹 (Grumman F-9-F "Panther") 舰载喷气式战斗机。曾活跃在朝鲜战场。

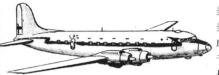

美国道格拉斯 DC-4 型运输机。美国代表性四发运输机，原型完成于 1933 年。生产超过 2 万 1 千架以上，在世界各地航线活跃长达 20 余年。最高时速 341 公里，续航距离 2540 公里。

美国洛克希德星座 (Lockheed Constellation) 运输机。美国近代长距离运输机代表。装备 2500 马力发动机四基，可载客 64 人。

苏联米格 15 战斗机 (MiG-15)。因朝鲜战争出名的苏联喷气式战斗机。最高时速 1075 公里。

英国德·哈维兰 "彗星" (De Havilland Comet) 型客机。1949 年完成的世界上最早一架喷气式客机。机组人员 4-5 人，可载客 36-48 人。装备四基喷气发动机，巡航时速 790 公里，续航距离 5710 公里。

美国波音 B-52 远程战略轰炸机，爱称 "同温层堡垒" (Stratofortress)。装备 8 基强力喷气发动机，飞行速度不亚于喷气式战斗机。

法国卡拉维尔 (SE 210 Caravelle) 客机。法国南方航空公司开发制造的双发短中程航线喷气客机。1959 年开始运航。常用时速马赫 0.77。

美国钱斯·沃特 F-8C"十字军"(Chance Vought F-8 Crusader) 舰载超音速战斗机。美国海军全天候舰载战斗机。单发喷气式发动机,最高时速 1.97 马赫。

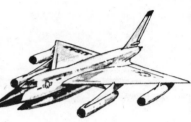

美国康威尔 B-58"盗贼"(Convair B-58 Hustler) 中距离超音速战略轰炸机。四发喷气发动机大型轰炸机,最高时速 2 马赫,主翼前缘后掠 60°。据传电子装置价值占整机价格的 41%。

法国宝玑 941-S 型 (Breguet 941-S) 短距离起降 (STOL) 运兵机。主翼后缘襟翼下折近 90°,将螺旋桨尾流导向下方,以便获得巨大升力。本机利用这一特点,在 300 米前后跑道即可起降(1961)。

英国霍克 P-1127 (Hawker P.1127) 垂直起降 (VTOL) 战斗机。喷气发动机喷气口向下可产生向上杨力,向后则可产生向前推力。本机利用发动机这一特性,无须滑行即可垂直起降(1961)。

法国神秘 20(Mystère 20) 型商务机。可载客 10-20 人的先进双发喷气式客机(1963)。

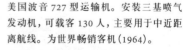

美国波音 727 型运输机。安装三基喷气发动机,可载客 130 人,主要用于中近距离航线。为世界畅销客机(1964)。

人类史上首次速度超过 3 倍音速的美国高高度超音速战略侦察机。洛克希德 SR-71 "黑鸟"（Lockheed SR-71 Blackbird）。还有被称作 YF-12A 的同型战斗机（1964）。

美国 XC-142A 型垂直起降(VTOL)运输机。陆、海、空三军共同开发。中型涡轮式螺旋桨飞机。起降时四基螺旋桨与主翼整体向上，依靠其推力升降飞机。前进时螺旋桨则向前(1964)。

苏联安 -22 (AN-22) 巨型运输机。装备四基 15000 马力涡轮螺旋发动机，总重量 250 吨，翼展 64 米，可装载货物 80 吨飞行(1965)。

协和式 (Concorde) 客机。英国和法国共同研究开发的世界首架超音速客机(SST)。可载客 138 人，最高速度 2.2 马赫，可飞行 6700 公里。1969 年首飞，1976 年开始商业飞行。

齐柏林 (Zeppelin) 飞艇第 1 号
1900

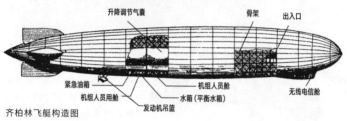

升降调节气囊　骨架　出入口

紧急油箱　机组人员舱

机组人员用舱　水箱(平衡水箱)　无线电信舱

发动机吊篮

齐柏林飞艇构造图

# 齐柏林型飞艇

德国飞艇设计师齐柏林伯爵
(Ferdinand Grafvon Zeppelin) 研
究开发的飞艇。1900 年最早设
计制造的硬式飞艇 LZ1 试飞成
功后,他继续设计制造大型飞
艇。齐柏林型飞艇总计建造 119
艘,第一次世界大战被用于空袭
英国。最有名的是 LZ127 齐柏
林号,1928 年建造,全长 235.5
米,最大直径 30.5 米,气体容积
10 万 5 千立方米,有效载荷 30
吨,530 马力发动机 5 基,巡航
时速 117 公里,续航距离 1 万公
里,1929 年树立环球飞行新纪
录。但是另一艘 LZ129 兴登堡
号 (The Hindenburg) 于 1937 年
在美国新泽西州雷克赫斯特失
火坠毁后,大型硬式飞艇便逐渐
退出历史舞台。

自由气球⇨ A. 安全阀索 B. 裂瓣
索 C. 裂瓣 D. 平衡沙袋 E. 自动记
录高度计 F. 高度指示计 G. 升降
速度表 H. 降落索 I. 通气调整索

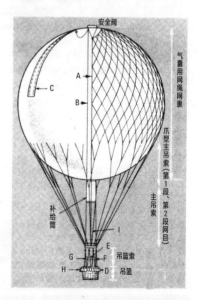

安全阀

气囊用网绳网罩

爪型主吊索(第 1 段、第 2 段网目)

主吊索

补给筒

吊篮索

吊篮

102

洛杉矶号 (USS Los Angeles ZR-3) 驾驶舱内部 ⇨ **1.**自动记录气压计 **2.**系留索张力计 **3.**温度计 **4.**升降计 **5.**气压计 (秒表及倾斜计) **6.**气压计照明 **7.**气舱膨胀显示器 **8.**升降舵角指示器 **9.**升降舵操纵轮 **10.**陀螺式前后倾斜计 **11.**压仓物增减装置 **12.**气体调节装置 **13.**便携式照明灯 **14.**遥感气体温度计 **15.**磁铁式罗盘仪 **16.**陀螺式罗盘仪 **17.**航空灯 **18.**方向舵角指示器 **19.**方向舵操纵轮 **20.**综合操纵舵指示器 **21.**地图桌照明灯 **22.**系留索投下把手 **23.**降落索投下把手 **24.**点火信号 **25.**信号钟 **26.**传令器 **27.**扩音器 **28.**电话选择器 **29.**对风速度计 **30.**降落照明灯开关 **31.**舱内照明灯

硬式飞艇船体形状演变

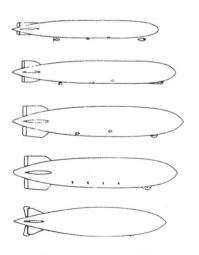

LZ113
长宽比：8.48
容积：6 万 2500 立方米

齐柏林伯爵号 (Graf Zeppelin)
长宽比：7.72
容积：10 万 5000 立方米

LZ129
长宽比：6.0
容积：19 万立方米

阿克伦号 (USS Akron, ZRS-4)
长宽比：5.9
容积：18 万 4000 立方米

R101
长宽比：5.55
容积：14 万 1000 立方米

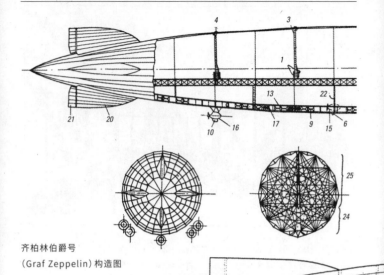

齐柏林伯爵号
(Graf Zeppelin) 构造图

# 飞艇

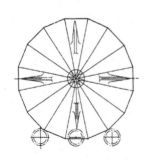

气舱充满氢气或氦气等比空气轻的气体,利用气体浮力上升,并利用发动机推进航行的轻型航空器。19世纪后期,德国和法国都建造过软式飞艇,但获得成功则要等到齐柏林硬式飞艇(利用轻合金材料建造流线型船体骨骼)建造完成以后。从第一次世界大战起,德国和美国等建造过许多军用、民用飞艇并用于实用,但因充满氢气的船体爆炸的危险性极高,1937年兴登堡号(全长249米,最大直径41米,载客50名,续航距离1万3千公里)爆炸事故后,大型飞艇便风光不再。

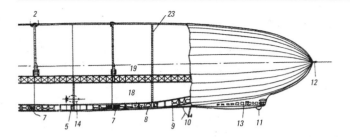

1. 自动气阀 2. 手动气阀 3. 内部通气筒 4. 内部通气筒盖 5. 燃料舱 6. 燃料泵 7. 润滑油舱 8. 航空用压舱物 9. 货物舱 10. 暖房用发电机 11. 缓冲袋 12. 系留用具 13. 旅客兼操纵吊舱 14. 前部侧面发动机吊舱 15. 后部侧面发动机吊舱 16. 后部发动机吊舱 17. 通道 18. 机组人员起居室 19. 中轴通道 20. 安定板 21. 舵 22. 通气筒 23. 升降筒 24. 燃料气囊 25. 浮力气囊

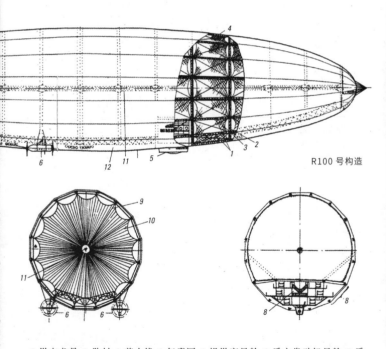

R100 号构造

1. 纵向龙骨 2. 肋材 3. 剪力线 4. 气囊网 5. 操纵室吊舱 6. 后方发动机吊舱 7. 后部发动机吊舱 8. 旅客用大厅、餐厅、卧室等 9. 放射肋材拉索 10. 松弛放射索 11. 中轴通道 12. 通道

# 机翼

分飞机、滑翔机等固定翼以及直升机等旋转翼两种。前者主翼具有产生浮力的作用。机翼的断面形状（翼形）一般前缘圆滑，上面比下面弧度大，后缘比较尖锐。所以前进时机翼上面的气流通过弧度大的表面增速，而下面的气流反而受阻减速，由此带来上面静压减低，形成上升气流，机翼被抬起向上。上述各种力合称升力，作为垂直分力作用于机翼的风压中心。

直翼

后掠翼

后掠角 —— ¼ 弦线

三角翼

机翼断面形状的演变

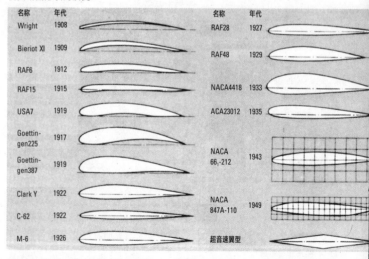

| 名称 | 年代 | | 名称 | 年代 |
|---|---|---|---|---|
| Wright | 1908 | | RAF28 | 1927 |
| Bieriot XI | 1909 | | RAF48 | 1929 |
| RAF6 | 1912 | | NACA4418 | 1933 |
| RAF15 | 1915 | | ACA23012 | 1935 |
| USA7 | 1919 | | NACA 66,-212 | 1943 |
| Goettin-gen225 | 1917 | | | |
| Goettin-gen387 | 1919 | | NACA 847A-110 | 1949 |
| Clark Y | 1922 | | | |
| C-62 | 1922 | | 超音速翼型 | |
| M-6 | 1926 | | | |

| 形　　式 | | $C_L$ 的最大值 |
|---|---|---|
| 无高升力装置时 | | 1.29 |
| 简单襟翼 | | 1.95 |
| 开缝襟翼 | | 1.98 |
| 分裂襟翼 | | 2.16 |
| 移动分裂襟翼 | | 2.26 |
| 同上 | | 2.32 |
| 福勒(后退)襟翼(40°) | | 2.82 |
| 同上(40°) | | 3.09 |
| 固定开缝翼 | | 1.77 |
| 自动开缝翼 | | 1.84 |
| 固定开缝翼与简单襟翼 | | 2.18 |
| 固定开缝翼与开缝襟翼 | | 2.26 |
| 自动开缝翼与福勒(后退)襟翼 | | 3.36 |

高升力装置的种类　$C_L$ 为升力系数

**可变后掠翼机**⇨ 大角度后掠的后掠翼在跨音速飞行时效果绝佳，但在飞机起降时则效率欠佳。因此，开发了在飞行过程中，以机翼根部为支点，根据飞行需要前后变换后掠角度的装置。此设计 1965 年在美国开发的 F-111A 战斗机上首次实用化。

**后掠翼**⇨ 机翼的基准线与机身纵轴的垂直线所形成的角度为后掠角，具有后掠角的机翼称作后掠翼。后掠翼具有在音速附近推迟机翼冲击波发生的效果，超音速飞机一般使用 35 度以上的后掠翼。

**襟翼**⇨ 飞机起降等时增加升力的代表性装置。除了安装在机翼后缘折叠小翼的后缘襟翼外，最近还有折叠机翼前缘，提高升力效果的前缘襟翼，以及并用控制边界层的层流机翼也被广泛使用。

**三角翼**⇨ 平面为三角形的机翼。前缘有大约 60° 的后掠角，有利于增加机翼强度，所以更容易使用薄型机翼。三角翼同时具有失速角大，跨音速时没有风压移动等特点，所以该翼形被广泛用于超音速飞机。

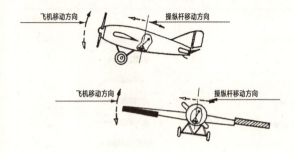

飞机移动方向　　　　　　操纵杆移动方向

飞机移动方向　　　　　　操纵杆移动方向

**操纵飞机**⇨ 飞机的纵向稳定和操纵依靠的是水平尾翼和升降舵，航向的稳定和操纵依靠的是垂直尾翼和方向舵，倾侧稳定依靠的是上反角，其操纵依靠的是副翼。通过对这些机构的操纵，飞机可自动保持平衡及其稳定姿态航行。驾驶员通过操纵升降舵增减飞机的迎角，调整发动机的输出马力使飞机上升或下降、加速，利用方向舵和副翼改变航向。

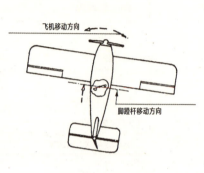

飞机移动方向

脚蹬杆移动方向

英国艾佛罗 (AVRO)
教练机的操纵装置

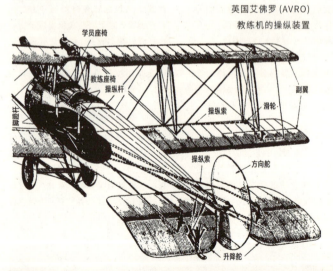

学员座椅

教练座椅
操纵杆

脚蹬杆

副翼

操纵索

滑轮

操纵索

方向舵

升降舵

机翼升力

空气阻力　迎角

螺旋桨推力

重力

**飞机的原理**⇨飞机设计的原则是，机翼横断面上面的弧度应大于下面的弧度，相对于飞行前进方向保持一定的角度（迎角），从而使得迎面而来的气流产生的垂直方向的分力（升力）大于水平方向的分力（阻力）。水平飞行的飞机升力与重量、阻力与推力互相对等。升力大于重量飞机才可上升，但随着升力增加，阻力也会随之增加，所以必须同时增加推力才能保证飞机上升。

**升力**⇨物体和空气相对运动时，作用于物体上的空气动力在垂直于相对气流方向的向上分力。具有代表性的升力就是作用于飞机机翼的升力，其升力大小几乎与机翼的面积和飞行速度的平方成正比。所以速度高的飞机机翼反而小。另外，升力也与机翼对空气的迎角成正比增加，但在迎角达到最大值（最大升力系数）后，升力反而会急速降低，此现象被称为失速现象。

**副翼**⇨安装在飞机主翼后缘的操纵面。利用铰链连接，左右相反作动，副翼下翻一侧的机翼升力增加，上翘一侧的机翼升力减少，飞机利用这一原理可改变航向。高性能飞机的副翼可兼做襟翼。

**迎角 (Angle of attack)**⇨流体的流动方向相对机翼形成的夹角。飞机机翼的升力系数、阻力系数、力矩系数等空气力学的性能均由迎角关数表现，机翼前缘向上为正迎角，向下则为负迎角。

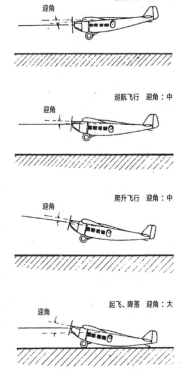

极速飞行　迎角：小

迎角

巡航飞行　迎角：中

迎角

爬升飞行　迎角：中

迎角

起飞、降落　迎角：大

迎角

**飞机的构造**⇨

1. 螺旋桨 2. 发动机 3. 主翼 4. 上翼 5. 下翼 6. 副翼 7. 飞行拉索 8. 降落拉索 9. 翼间支柱 10. 迎角拉索 11. 翼外阻力拉索 12. 翼内阻力拉索 13. 翼内支柱 14. 翼 15. 翼肋 16. 整形小肋 17. 蒙布 18. 机身 19. 驾驶座 20. 驾驶杆 21. 脚蹬杆 22. 风挡 23. 机身纵向大梁 24. 防火档 25. 操纵索 26. 连接杆 27. 检查口 28. 垂直安定面 29. 方向舵 30. 水平安定面 31. 升降舵 32. 起降架 33. 机轮 34. 缓冲橡胶垫 35. 支撑架 36. 尾橇

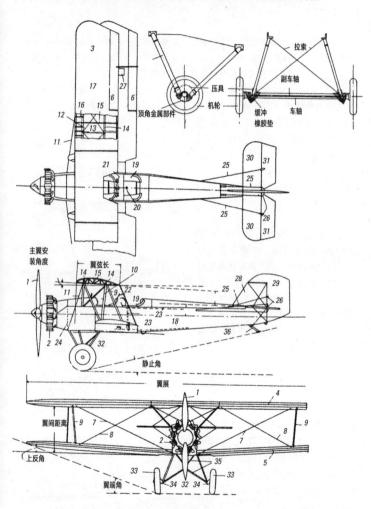

110

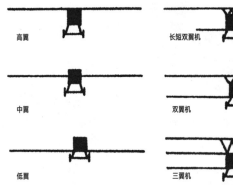

高翼

中翼

低翼

长短双翼机

双翼机

三翼机

**垂直尾翼**⇨ 为保证飞机方向安定与便于操纵，安装在飞机尾部的垂直小翼。由固定部分（垂直安定面）和可动操纵面（铰链在安定面后部的方向舵）组成，其作用与轮船的舵同样。最近为了满足高性能飞机的高高度以及高速度情况下的方向安定要求，以及为了确保复数发动机飞机侧面发动机停止时飞机的安定，垂直尾翼面积有增大的倾向，还有很多飞机甚至在垂直尾翼前方以及尾部下面安装鳍状安定面。

**水平尾翼**⇨ 为保证飞机纵向安定和便于操控安装在飞机尾部的小翼。一般水平尾翼面积为主翼的 20% 前后。由固定部分（水平安定面）与铰链连接的可动操纵面（升降舵）构成。操纵升降舵向上，会产生负升力，使得水平尾翼的尾部向下，增加主翼迎角，提高升力，飞机机体便上升。而在水平飞行过程中，飞机的前后姿势如果发生变化，可使水平尾翼发生回复姿势的力矩，帮助飞机保持安定飞行。不区分水平安定面与升降舵，由改变整体角度操纵飞机的水平尾翼也称作全动水平尾翼。

各国军用机国籍徽标

美国

日本　　　苏联

法国

英国

□ 白

▨ 红（洋红）

■ 青（群青）

■ 蓝（蔚蓝）

宝玑941型
(Breguet 941)

多尼尔 DO.27(Dornier Do 27)

**垂直起降 (VTOL)** ⇨ 不需滑行即可起降的飞机。狭义的垂直起降指的是固定翼飞机与直升机同样能的垂直起降以及空中悬停,此类航空器被称作 VTOL(垂直起降)飞机,作为理想的航空器之一被开发。垂直起降机分为两大类。一类是特别安装发生垂直推力的喷气发动机或螺旋桨,另一类是把水平飞行用的发动机推力方向改变 90°,兼做垂直起降用发动机。

沃特尔 VZ-2 (Vertol VZ-2)

希勒 X-18 (Hiller X-18)

**短距离起降 (V/STOL)** ⇨ 具有短距离起降能力,必要时甚至可以垂直起降的飞机称作 V/STOL。利用起降滑行的机翼升力,相比完全垂直起降能大量机载燃料、人员和货物,一般认为实用价值高于垂直起降机。

XC-142A(中型涡扇螺旋桨)

莱安 V2-3

霍克西德利鹞式
(Hawker Siddeley Harrier)

肖特 SC.1(Short SC-1)

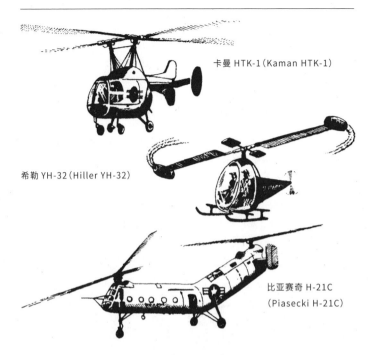

卡曼 HTK-1（Kaman HTK-1）

希勒 YH-32（Hiller YH-32）

比亚赛奇 H-21C
（Piasecki H-21C）

西科斯基 S-55（Sikorsky S-55）

GCA-2C

## 旋翼航空器

复数细长桨叶，放射状安装在垂直的旋转轴周围（被称作旋翼或螺旋桨），依靠旋转获得升力的航空器。广泛利用这一原理的是直升飞机。另外还有自动旋翼飞机（auto gyro）。

# 直升飞机

有动力旋转旋翼，垂直或水平飞行的飞行器，旋翼主轴基本垂直安装在机体上。结构复杂，维修保养也比较困难，但因为在窄小场地也能起降，还具有能自由后退、侧向移动、悬停等的特征，不仅军用，民间也广泛用于运输、联络等各种事业。1937年德国的福克(Focke)双旋翼式直升机最初实用化后，1939年美国的赛考斯基(Sikorsky)完成了单旋翼式直升机，为第二次世界大战后直升机的急速发展奠定了基础。

**直升机的驾驶** ⇨ 一般来说直升机没有独立的推进机构，靠周期性变化旋转中的桨叶的螺距来进行水平飞行。比如操纵桨叶旋转到机体前方时螺距小，后方螺距大，则后方的升力变大，旋转到后方的桨叶上浮，同时前方的桨叶下浮，旋转面全体向前倾斜，则产生向前移动的水平分力。同样的原理，还可以操作直升机后退、侧向移动、悬停等。

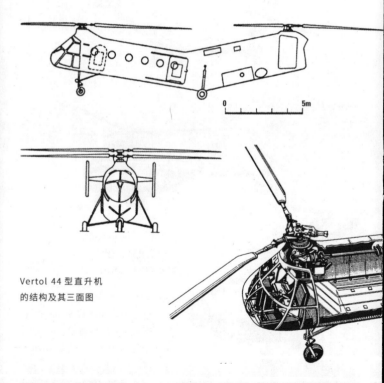

Vertol 44 型直升机
的结构及其三面图

西科斯基 S-55（Sikorsky S-55）结构图

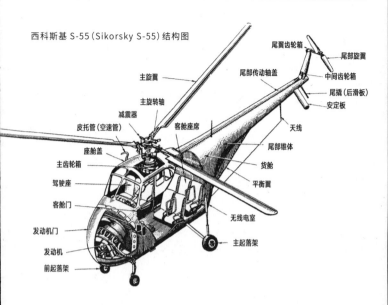

主旋翼
主旋转轴
减震器
皮托管（空速管）
座舱盖
主齿轮箱
驾驶座
客舱门
发动机门
发动机
前起落架

客舱座席

尾翼齿轮箱
尾部旋翼
中间齿轮箱
尾橇（后滑板）
安定板

尾部传动轴盖

天线
尾部锥体
货舱
平衡翼

无线电室

主起落架

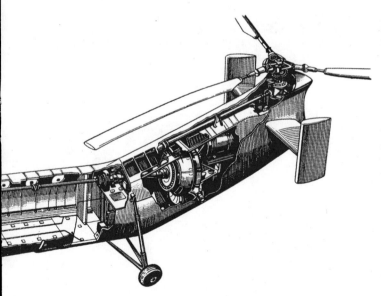

# 滑翔机

本身不具备机械动力，依靠风能及自重产生的动力飞行。由主翼、机身、尾翼构成，除木结构布蒙皮以外，还有全轻金属结构机种。第二次世界大战中曾制造过能载几十人的军用运输机，现在几乎均为运动用途。分为初级练习用初级滑翔机和中级练习用的中级滑翔机以及高性能的高级滑翔机等。

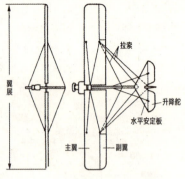

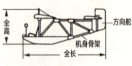

上／初级滑翔机

下／高级滑翔机

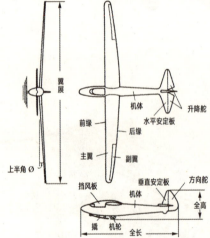

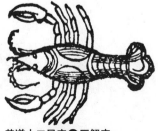

♋ Lancer

黄道十二星座●巨蟹座

# 马车

马车即马拉的车。包括古代的战车，一般用的乘用马车、公共马车 (Omnibus)、定期公交马车 (Stagecoach)、运输用马车等。马车大多为四轮，也有两轮的马车。多为一至两匹马牵引。

1

2

3

4

5

7

6

8

**马车的历史** ➯ *1.* 埃兰（Elam）的马车，ca.2500B.C. *2.* 亚述（Assyria）帝国四驾马车，ca.720B.C. *3.* 古埃及狩猎用马车，ca.1500B.C. *4.* 古希腊战车 *5.* 古罗马勒达（Leda）马车 *6.* 古罗马高卢马车 *7.* 古罗马双轮马车 *8.* 英国四轮马车，ca.1300 *9.* 英国伊丽莎白女王时代四轮马车（kocsi），1564 *10.* 法国巴黎三驾马车（Fiacre），ca.1650 *11.* 英国弹簧减震四轮马车，1696 *12.* 英国定期公共马车，1755 *13.* 英国乔治3世的御用马车，1761 *14.* 美国大篷车（Conestoga Wagons），ca.1755 *15.* 美国定期公共马车，1829

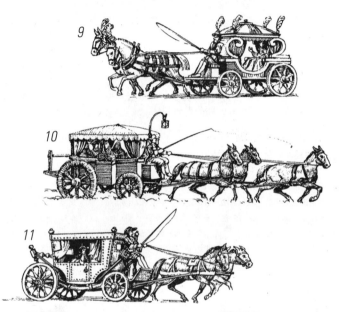

彼特拉克（Francesco Petrarca）
《胜利》插图

**120、121 页下 / 122、123 页上 /**

**马车的种类** ➡ **1.** 英国单驾马车（Gig），1754 **2.** 单驾出租马车（Handsome Cab），
1875 **3.** 单驾马车（Dog Cart），ca.1905 **4.** 美国单驾马车（Sulky），ca.1835 **5.** 美国四轮
折篷轻便马车（Caleche），1824 **6.** 法国四轮马车（Coach），ca.1640 **7.** 英国四轮蓬盖
马车（Brougham），1837 **8.** 法国四轮双座马车（Coupé），ca.1770 **9.** 美国四轮轻便马
车（Rock Away），1905 **10.** 法国四轮双座篷盖马车（Berline），ca.1750 **11.** 美国单驾轻便
马车（Buggy），ca.1855 **12.** 法国四轮双驾轻便马车（Phaeton），ca.1700 **13.** 维多利亚时
代马车，ca.1885 **14.** 英国带篷四轮小马车（Landau），ca.1760 **15.** 折叠车篷四轮马车
（Barouche），1865 **16.** 法国公共马车（Diligence），1771

马●车●雪撬

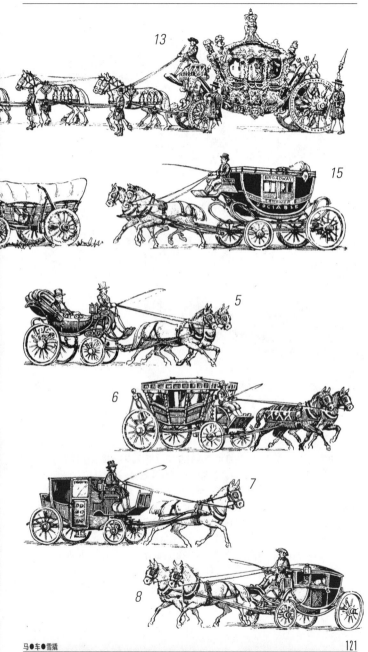

马的步伐(马步) ⇨ ①慢步:马慢步行走时徐缓的步伐。四条腿按顺序抬起离地，然后再按离地的顺序着地向前。如果从右前腿开始走，那就是按右前腿、左后腿、左前腿、右后腿的顺序往前走。慢走1个步伐由8小步组成。 ②快步:斜对的前腿和后腿同时离地，比如右前腿和左后腿同时离地，马全身有一瞬间整体离开地面，然后斜对的另外两条腿同时着地。如此斜对的前腿和后腿同时重复交互离地、着地，使马身腾空前进，所以快步的1个步伐只有4小步。 ③跑步:跑步时一侧的前后腿跑在另外一侧的前后腿前边，所以跑步根据跑在前边的一侧区分为左跑步或右跑步。以右跑步为例，腾空跳跃的马身落下时，最初是左后腿着地，然后是左前腿和右后腿同时着地，最后是右前腿着地，然后再按相同的顺序离地、腾空、着地。所以跑步的1个步伐也是由四小步组成。图中的马蹄形为马脚着地的状态。

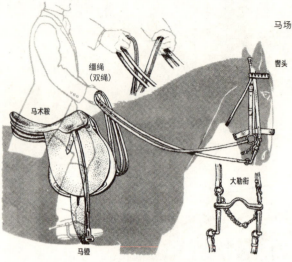

马场马术用马具

缰绳
(双绳)

马术鞍

辔头

大勒衔

马镫

**马镫** ⇨ 马具之一。悬垂在马鞍两侧，供骑手脚镫。脚镫有两种，一种是简单的环状圈镫，另一种是还能保护脚尖部分的壶镫。马镫西洋始于罗马时代，中国始于汉代。

跨越障碍用马具

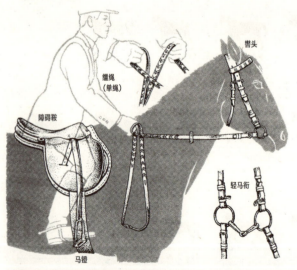

缰绳
(单绳)

障碍鞍

辔头

轻马衔

马镫

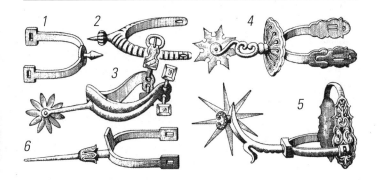

**马刺⇨**
1. 古希腊 2. 法国卡洛林王朝 3.15 世纪德国
4.17 世纪法国 5.17 世纪西班牙 6. 土耳其

汉代的
环状马镫

新罗的
环状马镫

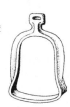

波兰罗兹(Lodz)
文化的马镫

**马鞍⇨** 马具之一。为了便于乘骑安装在马背上的装具。自古为革制的斯基泰文化马鞍制做精良。

**斯基泰人(Scythians) 的马鞍⇨** 阿尔泰地区巴泽雷克冢墓 1 号墓陪葬马复原图。公元前 3-2 世纪。

# 邮政

将信件、明信片等书信和印刷品等文件以及其他小件物品送往全国、全世界各地的制度。邮政业务世界各国均为政府独占。虽然很多国家自古就有"飞脚"（日本）、驿站（中国）等制度，但近代的邮政制度一般认为始于 16 世纪神圣罗马帝国的塔克息斯（Taxis）家族的邮送事业。1840年罗兰·希尔（Rowland Hill）在英国开始实施利用邮票事前预缴邮资以及全国统一邮资制度以后，邮政制度在世界各国迅速普及。1877年万国邮政联盟成立。

越南的骑马信使　18 世纪

1 便士的邮戳

最早的官方发行明信片：德国舒华兹（August Schwartz）明信片 **左 /**1870 年 **右 /**1875 年

马●车●雪撬

1860 年前后的大棚马车

美国西部的大型驿站(公共)马车
1870 年前后

德国的驿站(公共)马车
19 世纪末

上 / 路易 15 世时代的法国邮局 下 / 神圣罗马帝国皇帝马克斯米利安正在塔克息斯邮局寄信。

右页下 / 罗马的驿站。能看到来往的邮政马车和信使。

马●车●雪撬

**驿站马车**⇨欧洲的主要交通要道定期运送人员和信件以及货物的马车。17世纪伴随产业发达而兴盛。后传入美国大陆，在铁路交通发达后废止。

古代埃及的信使
1500B.C.

德国勃兰登堡(Brandenburg)的邮政马车
17世纪

马●车●雪橇

上 / 下 / 俄国三驾马撬
（Troika）
俄国三匹马牵引的大雪撬

## 雪橇

在雪上或冰上滑行运送人和物的运输工具。
是北极圈周边居民重要的运输手段，由犬或
驯鹿等牵引。

西伯利亚的货物运输用马撬。

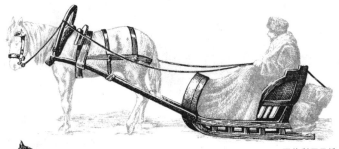

西伯利亚马撬

西伯利亚客用马撬

西伯利亚马拉雪橇

挪威马撬

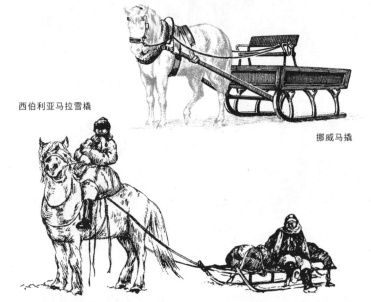

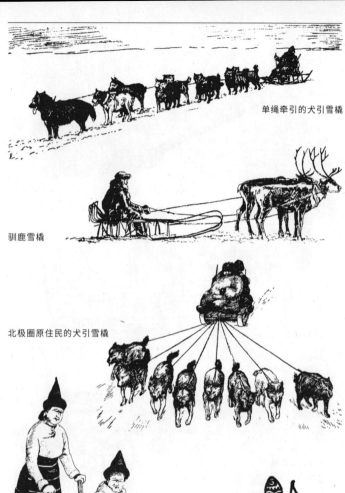

单绳牵引的犬引雪橇

驯鹿雪橇

北极圈原住民的犬引雪橇

北欧手推雪橇

北欧神话中的滑雪神乌勒尔（Ullr）
选自 17 世纪拉普人绘画

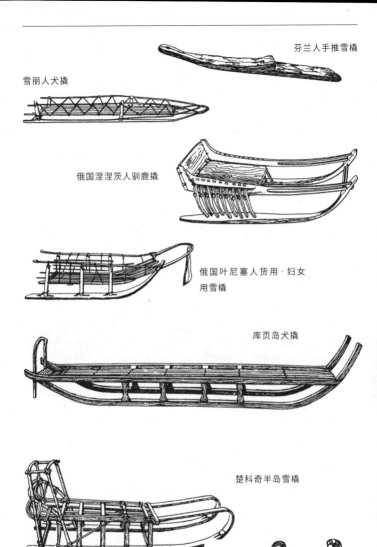

芬兰人手推雪橇

雪丽人犬撬

俄国涅涅茨人驯鹿撬

俄国叶尼塞人货用·妇女
用雪橇

库页岛犬撬

楚科奇半岛雪橇

勘察加半岛犬撬

马●车●雪撬

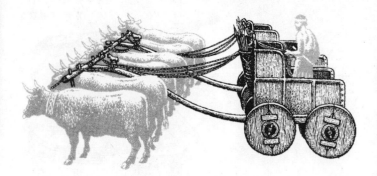

上 / 根据乌尔 (Ur) 王陵出土文物复原的四轮车。考古学
家认为是两台车由 6 匹牛牵引。下 / 根据中国辉县古墓车
马坑出图的马车复原的两轮车。属于战国前期。

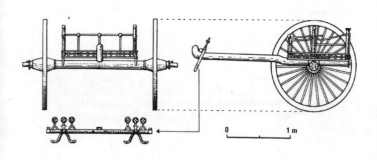

中国的大车

上图为牛牵引时的示意图

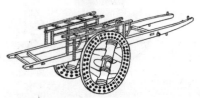

关于车辆起源的一种观点
**1**. 使用滚子。 **2**. 为了不落下滚子,把滚子安装到货台下。
**3**.滚子的细部逐渐形成车轴。
**4**. 车轮出现。

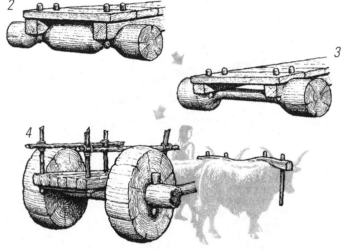

*2*

*3*

*4*

柬埔寨水牛车

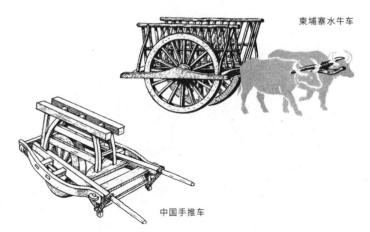

中国手推车

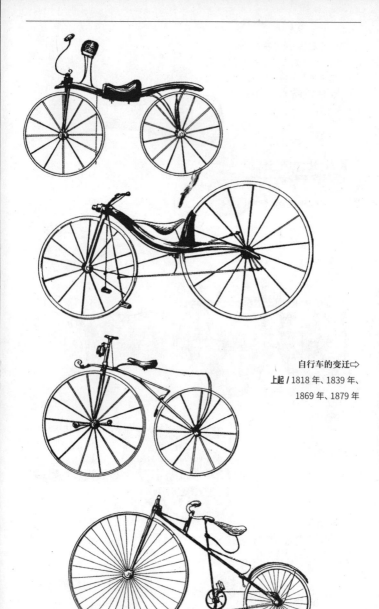

自行车的变迁⇨
上起 / 1818 年、1839 年、
1869 年、1879 年

上左起/1887 年、1889 年的竞赛用自行车、1889 年前后的坤车、1890 年

## 自行车

人力通过脚踏板和曲柄等机械转动车轮的车辆。一般是两轮。最早的自行车是18 世纪末法国人给木马的腿装上车轮，双脚蹬地向前的形状。1880 年代发明了与现在的形状基本相同的自行车，1888年更发明了充气轮胎，此后迅速实用化。

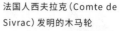

法国人西夫拉克（Comte de Sivrac）发明的木马轮
1790

德国人德莱斯（Karl Drais）发明的自行车 Draisine
1817

前轮大后轮小的脚踏车 ordinary（或称 Penny Farthing）
1874

英国斯塔利（John Kemp Starley）发明的安全自行车　1885

西夫拉克发明的木马轮
1790

德莱斯发明的自行车
1817

马●车●雪撬

苏格兰人麦克米伦（Kirkpat-
rick Macmillan）发明的自行车
1839

充气轮胎自行车
1888

斯塔利的安全自行车
1885

充气轮胎自行车
1888

麦克米伦发明的自行车
1839

前轮大后轮小的脚踏车
1874

马●车●雪撬

# 蒸汽机车

通过锅炉发生的蒸汽驱动蒸汽机关前进的机车。

最早的蒸汽机车是 1804 年英国的理查·特里维西克 (Richard Trevithick) 发明的，但其完成还有待乔治·史蒂芬生 (George Stephenson)。史蒂芬生在 1814 年发明制造的第一台"皮靴"号蒸汽机车牵引货车成功，1825 年制造的机车世界上第一次被用于公共铁路，1829 年制造的"火箭"号机车在利物浦至曼彻斯特铁路通车式的机车比赛中获胜。

史蒂芬生发明的"火箭"号

马●车●雪撬

ᔕ Leo

黄道十二星座●狮子座

# 农业

栽培对人有用的植物、饲养对人有用的动物的生产活动，为第一产业的中心。狭义的农业仅指耕种农业。人类从原始的食料采集活动转入农耕生活大致在新石器时代初期。初期农业一般认为是以刀耕火种为中心的掠夺式农业，与畜牧业并行发展。尼罗河、底格拉斯河、幼发拉底河、印度河、黄河等流域很早就已经出现了灌溉农业。栽培植物在各地独立发达，后随着民族移动流传其他地区。犁耕的出现，极大地提高了生产力。

收割水稻 选自《天工开物》

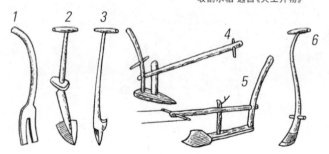

**中国的农具⇨**

1-9 为翻耕农具：1. 耒（出自汉代武梁祠画像石）2. 耜（朝鲜德积岛）3. 长镵 4. 人拉犁 5. 有床犁 6. 锋 7. 锸 8. 镬 9. 铁搭 10-17 为碎土农具：10. 耰 11. 耙 12. 耖 13. 铁齿耙 14. 爬 15. 砺礋
16. 碌碡 17. 耖

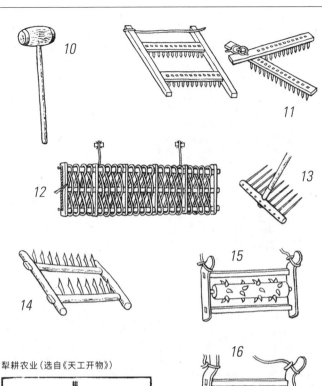

10

11

13

12

15

14

犁耕农业（选自《天工开物》）

16

耕

耜

17

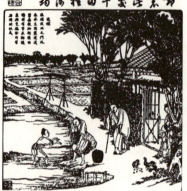

18

19

20

**水田⇨**

栽培喜水植物或浸水植物的田
地。广义上的除了水稻以外，还
包括栽种莲藕、荸荠等的水田。
水田依据土壤的含水状态分为旱
田、湿田和深水田三大类。

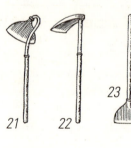

21  22  23

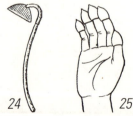

24  25

144

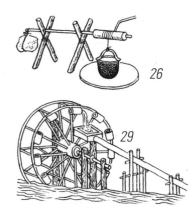

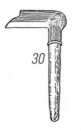

**18-20** 为播种器：**18.** 耧犁 **19.** 吨车
**20.** 秧马 **21-25** 为中耕除草农具：
**21.** 锄 **22.** 镈 **23.** 铲 **24.** 镈 **25.** 耘
爪 **26-29** 为灌溉用器具：**26.** 辘轳
**27.** 桔槔 **28.** 龙骨车 **29.** 筒车 **30-31**
为收获用农具：**30.** 镰 **31.** 铚

**左页上图** / 浸种（选自《佩文
耕织图》）**左页下图** / 耙（选
自《天工开物》）**左图** / 明代
筒车（选自《天工开物》）

# 水车

利用水具有的运动、压力、位置
能等转动水轮，把水能变换成机
械动力的原动机。设有水板承
受水流的水车，世界各地自古就
作为灌溉、磨粉、矿山排水、炉
灶以及锻冶送风等使用。

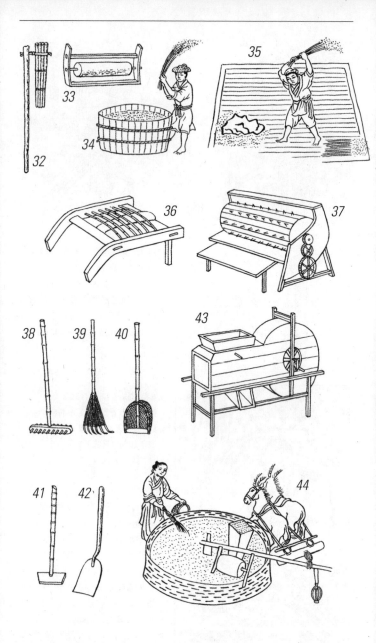

利用牛力碾米 选自《天工开物》

**脱粒** ⇨ 谷物收获后从秸秆上打下谷粒。古时用打谷台脱粒,后出现木齿耙,在发明脚踏脱粒机等后,动力脱粒机逐渐普及。现代一般使用康拜因(联合收割机)。打谷台、木齿耙、脚踏脱粒机等仅可用于脱粒,脱粒后还需要用筛子筛谷,去除细碎秸秆等杂物。

**水牛** ⇨ 偶蹄目牛科动物。印度水牛、非洲水牛等有名。印度水牛身高 1.5 米至 2 米,体重达 650 公斤左右。体色黑灰色,犄角呈新月形,有隆起线。东南亚以及南欧等地作为家畜广为饲养,也被用于搬运和耕水田。

*32-34*. 为脱粒农具:*32*. 连枷 *33*. 碌碡 *34*. 稻桶 *35*. 掼稻簟 *36*. 稻床 *37*. 脚踏轧稻机 *38*. 谷耙 *39*. 竹耙 *40*. 飏篮 *41*. 杋 *42*. 木杴(锹)*43*. 扇车 *44* 为精米用碾子 *3、6、8、10、15-26、31、32、35、38-41、43、44* 选自王祯《农书》,*4*. 选自霍梅尔(R.P.Hommel)《China at Work》,*5*. 选自陆忠信《地狱图》,*7*. 选自北魏石棺孝子传,*27.28*. 选自元代程《耕织图》,*33.42*. 选自清代《河工器具图说》,*34*. 选自明代《天工开物》

碾磑 选自《天工开物》

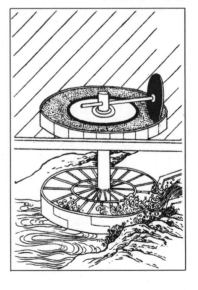

上 / 西洋的农业景象 选自《世界图绘》

**西洋犁 (plough)** ⇨ 出现并发展于西洋的犁。利用拖拉机或畜力牵引翻耕土地，破碎土块的农机具。从形状上说分为铧式犁和圆盘犁。

**犁** ⇨ 利用畜力牵引耕耘土地的一种农机具。广义上也包括西洋的plough（西洋犁），一般仅指东方的犁。犁由把土耕起的犁铧和把耕起的土翻到一边的底板以及支撑各部分的犁架组成。犁架还有手拿的犁把等部分。

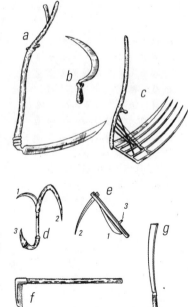

**世界各地的镰刀** ⇨ *a.*长柄大镰刀 *b.*小镰刀 *c.*收割用镰刀 *d.e.*印度支那收获水稻的特殊镰刀（*1.*刀刃，*2.*集禾部，*3.*手柄）*f.*中国的镰刀 *g.*缅甸的割草镰刀

上起／古代埃及播种图、收割图、畜牧图

西洋的农具⇨ *1.2.* 用鹿角制的犁 *3.* 古代埃及的犁 *4.5.* 古代希腊的犁 *6.7.* 英国的犁 *8.* 英国的有轮犁

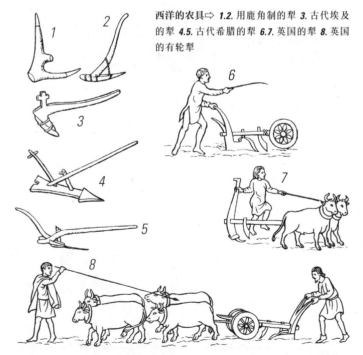

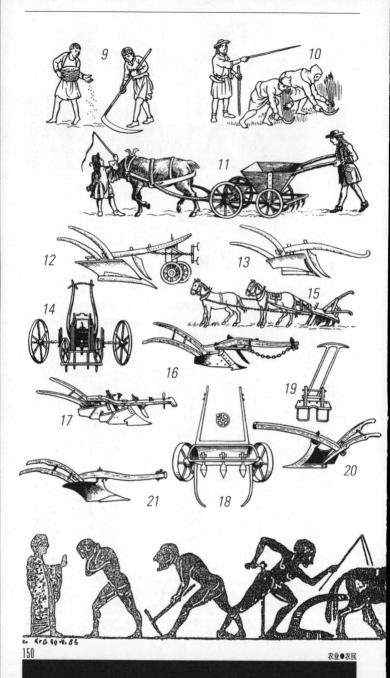

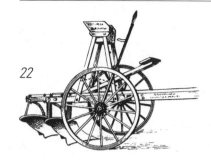

**9.** 长柄大镰刀 **10.** 用小镰刀收割 **11.** 播种施肥机 (18 世纪) **12.** 有轮犁 (17 世纪) **13.** 无轮犁 (17 世纪) **14.** 英国图尔 (Jethro Tull) 发明的小麦条播机 (18 世纪) **15.** 图尔发明的中耕机 **16.** 英国司默尔 (James Small) 发明的犁 (18 世纪) **17.** 萨莫维尔 (Somerville) 的多铧犁 (18 世纪) **18.** 诺福克郡的中耕机 (18 世纪) **19.** 同条播机 (18 世纪) **20.** 美国牛博德发明的铸铁犁 (18 世纪末) **21.** 美国叶忒罗木 (Jethro Wood) 发明的犁 (19 世纪) **22.** 最早的乘坐犁 (19 世纪美国) **23.** 最早的圆盘犁 (19 世纪美国) **24.** 麦考密克 (Cyrus Hall McCormick) 发明的收割机 (19 世纪美国)

古希腊的田园生活 (至 152 页下)

葡萄酒酿造情景（选自《世界图绘》）

# 葡萄酒

以葡萄为原料的代表性果酒。早在有文字记录以前，在葡萄原产地小亚细亚以及中亚就出现了利用自然发酵酿造的葡萄酒，后葡萄酒酿造技术经希腊、罗马传入欧洲。酿造品质优良的葡萄酒需要糖分高的葡萄，而糖分高的葡萄适宜在干燥高温的地方生长，所以法国、西班牙和意大利盛产葡萄酒。

# 啤酒

以麦芽为主原料发酵酿成，含有碳酸的酒精饮料。又称麦酒。早在古代巴比伦和埃及就已有饮用记录。按使用酵母种类区分，分为上面发酵啤酒和下面发酵啤酒。

中世德国啤酒制造情景
16世纪木版画

上 / 古巴比伦给山神敬献啤酒图
左 / 古希腊娼妇饮酒图

上 / 古埃及奴隶给主人端啤酒图
下 / 古希腊农耕生活和运送酒坛的骡马车

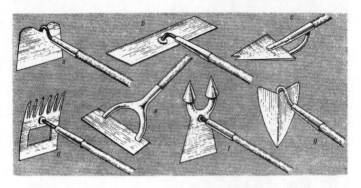

**西洋锄头 (hoe)** ⇨ 欧美发源的小农具。刀刃的形状根据用途变化，用于碎土、中耕、除草等。

**西洋锄头的种类** ⇨ a.一般锄头 b.e.板锄 c.耘锄 d.锄草耙 f.双尖头耙 g.三角锄

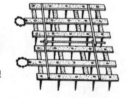

方形耙

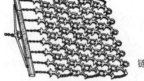

链耙

**耙 (harrow)** ⇨
用于碎土、搅拌、整平、覆土、除草等整地、开垦的农具。以拖拉机或畜力牵引。利用旋转复数圆盘状刀刃碎土、搅拌的圆盘耙和牵引安装有大量铁齿的框架碎土、平地的方形耙最有代表性。其他还有用于在起伏不平的土地上碎土、覆土的链耙，用于整平土地的板耙等。

板耙

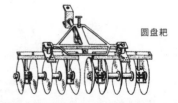

圆盘耙

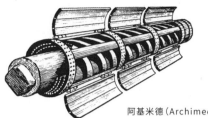

**灌溉**⇨ 人工浇灌耕地。灌溉分为浇灌旱田和给水田蓄水灌溉两种。在中国,华北地区旱田浇灌,华南地区水田灌溉自古发达。

阿基米德(Archimedes)螺旋水泵

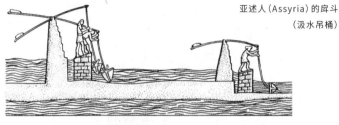

亚述人(Assyria)的戽斗
(汲水吊桶)

装有戽斗的水车

**波斯戽斗水车**⇨ 利用畜力转动装有戽斗的水车扬水。

**古罗马人修建的水力磨粉工厂复原图**⇨位于法国亚尔附近的巴尔不噶尔。水车宽70厘米，直径220厘米，建于2世纪后期。

**右页上／**古埃及制粉图 出自底比斯(Thebes)古墓壁画 制粉顺序从1到4。a. 臼 b. 杵 c. 捣好的面粉 d. 盛装谷物的筐子 e. 筛子 f. 谷物
**右页中／**罗马时代奴隶和毛驴在磨粉
**右页下／**水碓 选自王祯《农书》的农器图谱

**磨粉机**⇨粉碎谷物制作精粉的机械。主要指小麦的磨面机。由颗粒粉碎部分和面粉箩筛部分组成。粉碎部分可分为石臼研钵式、圆锥铁臼式、冲撞式、磨辊式等。动力有家畜、人力、风车、水车等。

古罗马维特鲁威(Vitruvius)
设计的水车磨坊

水碓

# 风车

在塔上架设风轮,利用风力转动风轮的装置。东方自古即有,中世传入欧洲,被作为制粉、扬水等的动力使用。

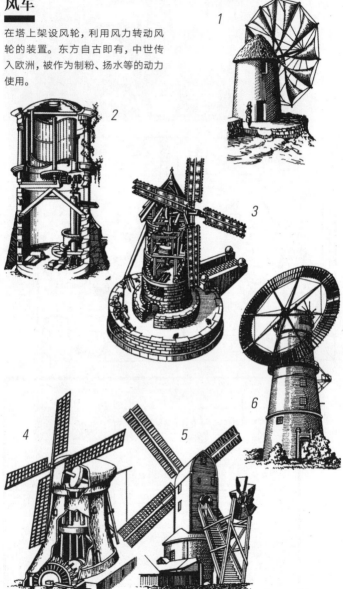

左页 / 1. 至今还在克里特岛 (Crete) 以及爱琴海一带广泛使用的塔形风车。三角帆根据需要展开使用。根据风向圆锥形的顶部旋转。2. 水平形风车的最古图，圆形屋顶下是带粗布风帆的塔形风车。法国雅克贝松 (Jacques Besson) 1569 年以前所绘。3. 用于磨粉的塔形风车。翼杆之间有帆布。有转动尾部柱的轻便卷扬机。选自意大利阿戈斯蒂拉梅利 (Agostino Ramelli) 1588 年著作。4.18 世纪初期荷兰风力杨水车复原图。支撑风翼的顶部安装有滚动轴承。5. 有圆形屋顶基础部的箱型风车。后部的梯子上安装有自动尾翼。自动尾翼能使风车自动跟踪风向，为英国埃德蒙德·李 (Edmund Lee) 在 1745 年发明。6.1860 年代，英国萨福克郡黑佛利尔镇的磨坊设计的最早安装圆形风翼的塔形风车。这种圆形风翼用了类似埃德蒙德·李发明的自动尾翼的开闭板，直径达 15 米。成为美国风车驱动泵的先驱。

螺旋桨式风车

风车动力驱动的矿山通风机
选自德国阿格里科拉的《论矿冶》

箩面机（选自《天工开物》）

### 《天工开物》⇨

中国明朝末期的产业技术著作，宋应星著，1637 年刊行。
全书共有 18 卷，内容除农业技术外，几乎囊括当时所有
产业技术，解说非常详细，还配有大量插图。该书不仅是
技术指南书，还是知识阶层的启蒙书。在日本江户时代备
受学者青睐，被广泛阅读，并有翻刻版刊行，影响深远。

黄道十二星座●处女座

# 世界各地的民族服装

欧洲各民族的传统服装大多为中世到近世初期各地流行的服装，时至今日，平时压在箱底，仅在红白喜事以及节日等特殊日子才会穿用。作为日常服装穿用的仅限于比较偏僻的小地方。

在南欧的意大利，以威尼斯的头饰和面纱、北部萨萨里的蕾丝头饰等最为有名，在西西里岛和卡布里岛等岛屿，以强烈的阳光和蔚蓝的地中海为背景，色彩鲜艳的民族服装受到欢迎。图1、图2是西西里岛的男女。西班牙素有民族服装花园之称，其民族服饰多达50多种。特别是男性服饰丰富多彩，外套和有穗长腰带等为基本形式。女性则在高高插在后头部的巨大头饰上戴长达腰际的披肩式头纱。其他特色还包括大型披肩和刺绣围裙等。图3、图4是西班牙瓦伦西亚地方的男女。邻国葡萄牙的男性多穿马裤（短裤）、白衬衣和背心的套装，如图6，格子纹样的上衣和长裤，令人联想到16世纪的海贼模样。女性服饰如图5，宽大裙装，外系宽大围裙，头戴后带丝巾的宽沿帽子。

1　2　3

灯笼裤
（Knickerbockers）

# 裤子

中亚和东方自古就有穿用。欧洲直到中世男女服装才出现不同，当时男性多穿一种叫做 Hose 的长筒袜。16-17世纪男性开始穿用一种从腰到大腿，叫做 Breeches 的宽松短裤。

17世纪末出现一种被称作 Culotte 的紧身半截马裤。19世纪初裤腿变长，19世纪末成为今日的样式。女性19世纪以后才开始穿裤装。

**灯笼裤 (Knickerbockers)** ⇨ 膝盖以下紧身的宽松裤子。打高尔夫和滑雪时穿用。源自美国作家华盛顿·欧文 (Washington Irving) 写作《纽约外史》时用的笔名尼克尔包克尔 (Knickerbockers)。

**马裤 (Culotte)** ⇨ 亦称裤裙，长至膝盖的紧身短裤，17世纪末至18世纪西欧男性多穿用。亦作为女性的内衣，即裤腿为喇叭状的喇叭型裤裙。

马裤 左起16世纪、17世纪、18世纪

9　　　10　　　11　　　12　　　13

北非地区人们为了防晒、防砂，多用白色服装包括全身。另外，伊斯兰教要求妇女外出时必须从头到脚全身包裹，只能露出眼睛。男性头上必须缠头巾，全身阿拉伯风格装束。图7、图8为埃及男女日常服装。图9、图10为阿尔及利亚日常服装。女性为肥大裤裙。图11、图12是摩洛哥男女服装。该地山岳地带夜晚气温比较低，男女都穿毛织连帽斗篷。

再回到欧洲服装。荷兰也是一个具有多彩乡土特色民族服装的国家。图13、图14是荷兰瓦尔赫伦岛男女，女性头戴被称作荷兰帽的白色三角形帽子，腰围宽大的深色围裙，脚穿木鞋。此外褶裙还搭配有美丽的护胸。男性则身穿外套、背心和马裤，头戴丝质礼帽。图15、图16是邻国比利时中部布拉班特地方的男女。比利时民族服装北部像荷兰，南部像法国。图17、图18是法国阿尔萨斯、洛林地方的男女。洛林地区的姑娘们头戴罩帽(Bonnet)，肩披有刺绣的美丽头巾。阿尔萨斯地方的女性头戴黑色蝴蝶结大头饰，布列塔尼半岛的女性则喜用白纱头饰，身穿有金丝刺绣的黑色裙子，腰缠很大的白色围裙。另外巴斯克地区的贝雷帽被认为就是现代贝雷帽的原型。

**右页下上排左起 /** 假袖口、紧口袖口、翼形袖口、圆形袖口

**下排左起 /** 翻袖口、折叠袖口

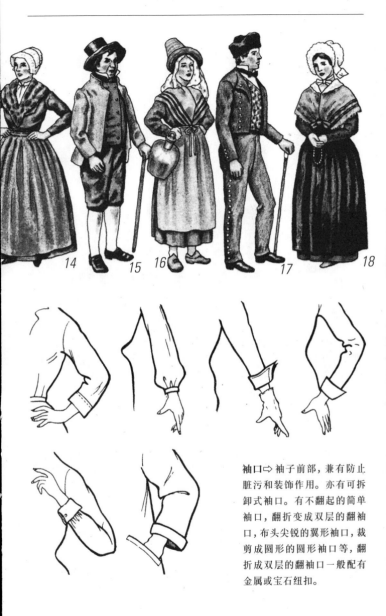

袖口⇨ 袖子前部，兼有防止脏污和装饰作用。亦有可拆卸式袖口。有不翻起的简单袖口，翻折变成双层的翻袖口，布头尖锐的翼形袖口，裁剪成圆形的圆形袖口等，翻折成双层的翻袖口一般配有金属或宝石纽扣。

19　　　　20　　　　21　　　　22

北欧盛行刺绣和毛线编织等服
饰工艺,此类工艺也多用于民族
服装。图19、图20是瑞典斯堪
的纳维亚地区的男女。男性是
马裤配毛织的衬衣和皮背心,戴
三角形的帽子。女性穿宽大的
裙子和围裙,头戴花边装饰的帽
子或头饰。图21、图22是挪威
西部的男女。挪威的服装与瑞
典的相似。图23、图24是瑞士
阿彭策尔地方的男女。女性穿
袖长仅至肘的宽大的白色衬衣,
男性穿白麻衬衣,外穿外套或背
心,下穿马裤,头戴宽沿帽子。
奥地利和德国也与此基本相同。
图25、图26是奥地利低海拔地
区的民族服装。

**裙子** ➡ **上左起** / 紧身裙、双层裙、开叉裙
**右页下左起** / 多片裙、低腰裙、百褶裙、波浪裙

23  24  25  26

# 裙子

裙子在中世以后发展变化很大，随
和裁剪技术的发达越来越大型化。
16世纪发明在裙子里装撑裙圈把裙
摆撑大，18世纪流行极尽装饰的洛
可可式（Rococostyle）裙子。19世纪
初期变成纤细的帝政（Empirestyle）

风格，中期又流行能撑开裙摆的
衬裙（crinolinestyle），末期流行把
多余的布料结扎在后腰上的裙撑
（bustlestyle）风格的裙子。进入20
世纪后裙子形状变得更为自然，第
一次世界大战后开始出现短裙。

27      28      29      30      31

图27、图28是德国中部山岳地带的
服装。男性身穿使用大量金色纽扣
的外套，头戴提洛尔帽子 (Tyrolean
hat) 或丝质礼帽，女性则穿喇叭裙
(flared skirt) 并配围裙。

东欧的民族服装以男女均穿皮靴为
特色。而且波兰、捷克、斯洛伐克、
俄罗斯等多追求防寒性能。图29、图
30是波兰华沙地区的服装，男性穿
无领外套，女性穿毛织双重裙子。图
31、图32是捷克民族服装，女性服装
的领子、袖子、围裙均有美丽的花边。
图33、图34是匈牙利民族服装。男
性在白罩衫上套穿背心，外披斗篷，
下穿紧身裤袜。女性则是白罩衫外穿
紧身棉衣，宽松裙子，还有同样宽大
的围裙，一副典型的欧洲民族服装形
象。图35、图36是罗马尼亚特兰斯
瓦尼亚地区的男女，不由令人联想到
中世。男性穿紧身裤袜，带刺绣的上
衣，腰缠漂亮的腰带。女性服装同样
也在罩衫上点缀大量漂亮的刺绣。

俄罗斯民族服装
俄式衬衫 (Rubashka)

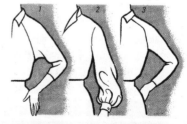

32　33　34　35　36

**衣袖**⇨ 有衣袖的服装出现在古罗马时代末期，中世以后出现了各种各样的样式。现在衣袖的长短有半袖、七分袖、长袖等，形状有袖山较低的衬衫袖、上身与袖子连在一起裁剪的法式袖（和服袖）、袖口瘦腋部肥的多儿缦袖（dolman sleeve）、从衣领斜向下剪裁的套袖（raglan sleeve）、利用褶皱等手法吧肩部和袖口臌胀起来的泡泡袖（puff sleeve）等。

**衣袖**⇨ **1.** 套袖（raglan sleeve） **2.** 泡泡袖（puff sleeve） **3.** 肩章袖（epaulette sleeve） **4.** 盖肩袖（cap sleeve） **5.** 楔形套袖（wedge sleeve） **6.** 多儿缦袖（dolman sleeve） **7.** 推套袖（push-up sleeve） **8.** 和服袖

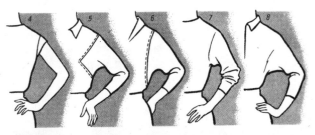

4　5　6　7　8

*37*   *38* *39*   *40*

英国的民族服装虽然朴素，但却有一种稳重之美。图37、图38是英格兰北部山区的民族服装，典型的女性装束是大围裙和披肩，还有一顶小帽子。男性则穿今天还作为礼服用的条纹模样裤子。图39、图40是苏格兰的男女。女性身披宽大的披肩(stole)，男性则穿广为人知的苏格兰短褶裙(kilt)。短褶裙采用彩色方格纹样，家庭和地区不同其色彩和方格图样也不同。

美国历史短浅，没有什么有特色的民族服装，但美国西部和加拿大、墨西哥等牧场的牛仔服装堪称一种民族服装。特别是宽大的帽檐从根部翻起来，帽顶质软，折陷进去的牛仔帽广为人知。但是当地的印第安原住民却有各种各样的传统服装。最常见的就是一张大毛毯中间剪一个洞，头套进去，多余的布料耷拉到身子前

后的套头装(poncho)。图41、图42是犹他州、堪萨斯州一带的印第安服装。他们身穿毛织或鹿皮制作的套头装，脚蹬一张皮制做的皮鞋(Moccasin)。男性下穿紧身裤子，女性腰缠围腰式裙子。

拉丁美洲的民族服装是继承玛雅文明及印加文明传统的印第安服装与当时侵略占领该地的西班牙、葡萄牙服装的混合。图43、图44是墨西哥男女。女性服装还保留着阿兹特克族传统样式。图45、图46是智利男女。女性服装有玛雅民族的痕迹。图47、图48是哥伦比亚北部地方的男女。南美的印第安传统服装不论男女都是套头装和宽大披肩。材料为特产的羊驼毛料，多有刺绣等色彩艳丽的装饰。

南美宽檐帽（Sombrero）⇨ 南美、西班牙、墨西哥等地人爱用的帽顶高，帽檐宽的帽子。有麦秆编制的草帽和羊毛制的毡帽。

49　　　50　　51　　　　　52

东洋的民族服装主要有三种类型。最具
代表性的是卡夫坦(caftan)形前开襟服
装，另外还有围裹式服装和缠腰式服装。
当然，其形状各地都不同，但一般来说相
比西洋服装有比较宽松，结构简单，男女
区别不大的特点。如果以东南亚菲律宾
为例，其薄如蝉翼的宽松且轻薄的短衫
(卡米纱)就是缠腰形式的服装，而且起
基本形式是缠腰和围裹结合的。缠腰布
服装印度尼西亚、马来半岛称之为纱笼，
缅甸称之为笼基，泰国称之为哈新等，多
为色彩鲜艳的棉质布料，男女均穿用。图
49、图50是爪哇岛的日常服装。图51、
图52是缅甸的民族服装，女性身穿的是
日常服装，男性多穿黄色僧服。女性缠腰
布上多穿白色外套，衬托艳丽的缠腰布。

1910 年代的耳环

1923 年代的耳环

古埃及耳环

古巴比伦、亚述尔的耳环

**左** / 银制 **右** / 宝石

古希腊耳环

古罗马时代耳环

16 世纪

17 世纪末期

18 世纪

19 世纪初

## 耳环

耳环类装饰远古时代就已有之，最早的多为穿孔佩戴，近世以来出现了螺丝固定的和架子固定的耳环。形式大致分为贴耳式和悬垂式两种。

53        54        55        56        57

从西亚经中国、朝鲜到日本地区的民族
服装绝大多数都是前开襟，日本的和
服更是把前开襟服装发展到极致。图
53、图 54 是朝鲜的礼服。男性穿称作
周衣的宽大长袍，女性穿叫做襦（则高
丽 Chogori）的短上衣和叫做裳（契玛
Chima）的长裙。礼服下穿叫做袴（帕
肌 Paji）的宽松扎腿长裤和叫做赤衫
（Jeoksam）的内衣，礼服下穿的袴和赤
衫亦可作夏日常服。图 55、图 56 是中
国男女。男性是日常服装，女性是礼服。
图 57、图 58. 是俄罗斯民族服装，有俄
罗斯帝政时代的特征。男性穿俄式衬衫
（Rubashka）和长裤长靴，头戴毛皮帽子。
女性的民族服装最具代表性的是褶裙加
围裙，头戴头巾。俄罗斯和中国都是多民
族国家，所以有许多各民族服装。图 59、
图 60. 是藏族礼服，其样式显然受到中国
和西洋的影响。

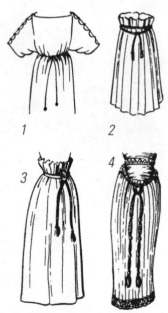

1        2

3        4

服装●历史与民族

腰带 ⇨ **1.** 古希腊时代的罩衫腰带 **2.** 古希腊时代，北方人用腰带绑裙子 **3.** 青铜制带扣环的腰带（中间的尖锐突起物估计兼有护身作用）**4.** 古罗马时代，女性束腰外衣（Tunic）用布制带垂坠腰带 **5.** 14 世纪，无袖长袍用金属板装饰宝石的腰带 **6.** 14 世纪，男性上衣臀部用装饰腰带 **7.** 15 世纪，腰带位置变高 **8.** 16 世纪，西班牙的腰带（长垂下的端头装饰有宝石）**9.** 19 世纪，开始用腰带固定裤子（腰带为皮制并有金属扣环）**10.** 法国轻骑兵的厚布制腰带

衣领⇨西式服装的领子。兼具防止颈部脏污和装饰功能。衣领样式在 14-15 世纪以后受到重视，16 世纪高领配白色波浪形皱褶上衣，后头部戴支架将蕾丝支撑成扇形的装饰备受女性喜爱，17 世纪流行皱褶更为夸张的上衣以及翻折到肩部的大型蕾丝衣领等。

65　66　67　68

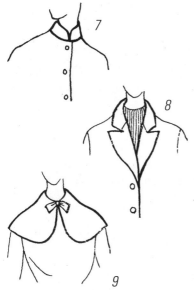

7

8

9

以西亚为中心的从北非到南亚的伊斯兰教徒为了防砂，防暑，脸罩面纱，头缠头巾，肩披披肩，身穿前开襟长袍（caftan）。图61、图62是叙利亚上流阶级。女性长袍下穿宽松的哈勒姆裙（harem scart）。图63、图64.是阿拉伯男女。图65、图66是巴勒斯坦男女礼服。图67、图68是土耳其上流阶级的常服。这一带的民族服装都是宽松的长袍。图69、图70是印度上流阶级的常服。女性服装是围裹式的莎丽（sari）。男性也有这种形式的服装，但最一般的是类似图69那样的像衬衫的短袍配莎丽。

衣领⇨ **1.** 平翻领 **2.** 大翻领 **3.** 两用领（convertible collar）。下图是翻开时 **4.** 硬翻领（翼领 wing collar）**5.** 大圆领（青果领 shawl collar）**6.** 海军领 **7.** 立领 **8.** 西服领 **9.** 披肩领（cape collar）

1　2　3　4

# 服装的历史

西洋服装的历史犹如一座盛开奇花异草的花园。古埃及神秘，古希腊、罗马优雅，日耳曼讲究坚实，中世贵族追求奢华，近代特别是19世纪以后追求功能美等，各种创意争奇斗艳。图1、图2是公元前1500年前后埃及的国王和王后。王冠和腰带装饰显示身份。图3是围裹腰布的普通百姓年轻女性。古埃及服装由缠腰布和围裹服装组成，装饰物虽多，但服装本身变化很少。而西亚地区民族服装则流动性强，变化丰富。图4是公元前8到7世纪的亚述帝国的普通百姓年轻女性。披肩搭配裙装。图5是贵族的围裹式服装。图7是身穿装饰有流苏的贯头衣的富豪商人。爱琴海文明从克里特岛遗迹出土了图8那样具有近代特征的服装，令发掘人员惊叹不已，觉得巴黎摩登女郎出现在眼前。古希腊的chiton是一枚方形布料做成的贯头衣，具有雕刻等上常见的那种优美的褶皱。

**古代西亚的外套**⇨
伊拉克哥撒拔城（Khorsabad）遗迹萨贡2世宫殿出土浮雕摹本。公元前8世纪末。

5　　　　　6　　　7　　　　8

古希腊

古埃及

古罗马

16 世纪戒指

驱邪戒指

## 戒指

一种装饰品。古埃及用黄金、青铜、土陶等制作，特别是雕刻有黄金虫（scarab）的戒指被作为护身深受欢迎。另外，古埃及和罗马有双手戴满戒指的习惯。戒指上雕刻记号或图像作为图章使用也很广泛，甚至出现国王把自己的图章戒指交给使者以代表自己的风习。基督教在主教述职仪式上授予修道僧戒指。婚约戒指是古罗马的习惯，后来演变成结婚戒指，11 世纪前后始由教会祝福。还有给戒指雕刻座右铭赠送女性以及给戒指暗藏毒针等现象。

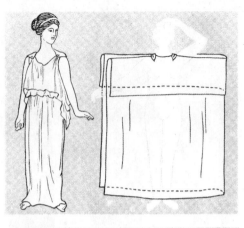

# 托加长袍 toga

古罗马市民穿在束腰外衣 (丘尼卡 tunic) 外边的日常服装。本来男女均穿用，后来演变成男性专用服装。初期用于长袍的是弓形或半圆形，身高 3 倍左右的布料，后逐渐演变成长 6 米，宽 2 米左右的长椭圆形布料，随后逐渐小型化，到 7—8 世纪前后逐渐消失。随着穿用者的身份不同，颜色、装饰等都不同，有很多种类。

束腰外衣
（丘尼卡 tunic）

**托加长袍的穿用方法**⇨ 以圆形布料从中间对折穿着为例。**1.** 先把身高约 3 倍的圆形布料对折成半圆形 **2.** 把一头搭到左肩，前边留出一定布料 **3.** 把后边的布料从右腋下卷到前边 **4.** 把剩余的布料从左肩抛到后边 **5.** 最后把最早从左肩耷拉下来的布料胸前部分往上拉一拉，调整好长度即可。

束腰外衣
（丘尼卡 tunic）

模仿蛇的希腊克里特(kreta)手镯

戒指⇨ **1**.古埃及雕刻有黄金虫
的戒指 **2**.古希腊戒指 **3**.伊特鲁
里亚戒指 **4**.古罗马带钥匙戒指
**5**.德国 1600 年前后的婚约戒指
**6**.17 世纪俄罗斯的戒指

图 9、图 11 是古希腊朴素坚实的多立克式 (doric order) 外衣 (chiton)。图 10 是优雅的奥尼亚式 (ionia) 外衣。图 12 的年轻人也穿多立克式外衣。图 13、图 14 是罗马市民典型的托加长袍 (toga)，宽大的布料在身上围裹好几重。图 15 的女性身穿有奥尼亚式外衣特征的外套 (stola)，配披肩 (shawl)。

古代亚述人的披肩

**下左 /** 公元前 4 世纪前后希腊女性的披袍 (himation)　**下右 /** 公元前 3 世纪前后希腊男性的披袍

各种纽扣⇨
1. 合成树脂纽扣 2. 金属纽扣 3. 学生服金
属纽扣 4. 衬衫纽扣 5. 贝壳纽扣 6. 玻璃纽
扣 7. 竹纽扣 8. 布纽扣 9. 皮纽扣

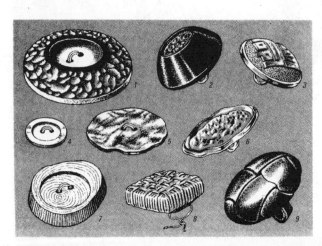

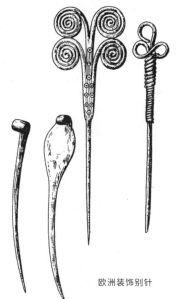

图 16、图 17 是日耳曼民族的服装，基本上是合体的两件套形式，男性穿裤子，女性穿裙子。这种形式后来对中世的服装产生影响，成为西欧传统服装的基本形式。首饰等为青铜制。而罗马灭亡前与基督教同时普及的则是图 18 丁字形贯头衣 (dalmatica)，两条红黑带条象征基督耶稣的血。图 19 是男性穿的筒袖式贯头衣。女性的贯头衣是图 20，下摆比较长，头巾是信徒的意思。图 21、图 22 是拜占庭帝国的皇帝和王妃。内穿装饰性极强的贯头衣，外套大型华丽大斗篷，肩部用装饰宝石的胸针固定。脚穿足套。王冠和耳环等都装饰有宝石，非常奢华。

欧洲装饰别针

23 24 25

29 30 31

图 23 是十字军时代的女性服装。剪裁合体的日耳曼风格头巾和斗篷显示出拜占庭风格的影响。中世的服装为日耳曼朴素功能性风格与拜占庭华丽装饰风格的有机结合。图 24 是十字军东征后的贵族。礼服与斗篷虽然受到东方影响，但毛皮帽子和披肩等还保留有当时的特征。图 25 是女性的常服。紧身上衣配宽松长裙。低腰皮带下挂小包。图 26 是富裕的市民。图 27 是牧羊老人。当时流行包头巾。

13 世纪到 15 世纪的哥特时代 (Gothic) 服装也发生了巨大变化。剪裁方法的进步，使得服装根据体型能紧能松，所以女性裙装像图 28，男性裤装像图 29，异性服装完全有别了。

34      35      36      37

41      42      43      44

38　　　　39　　　　　　40

45

46

及至进入 14 到 15 世纪，开始流行享乐和新奇的服装。图 30、图 31、图 32、图 33 是讲究穿戴的男女青年。男青年上衣有从肩膀到袖子的大型垫肩，女青年穿长大的裙子。女性还讲究束扎腰围，大开 V 领，裸露肌肤，头戴蕾丝和亚麻布(linen)装饰的塔形尖顶高帽。一般老百姓和虔诚的基督教徒的装束打扮与从前没有什么大的变化，但如图 34 那种悬垂的长袖，图 36 那种劳动者的长腰带还是有着一定的中世特色。从图 35 妇女服装，能看出今日天主教修女装束的原型。文艺复兴时期染织业得到飞速发展，意大利人虽然喜欢比较简单的装束，但是中欧的人们却喜欢极端夸张的装束。图 37、图 38 是德国的上流社会男女。图 39 是 16 世纪法国的中流社会妇女。她们腰间穿装轮胎状圆筒，以便撑大裙摆。

而西班牙贵妇人却穿带裙撑的衬裙，把裙子撑成如图41那样的吊钟形状。图42穿铠甲的贵族也在腰间塞进东西，穿着撑开腰间的短裤。另外，上衣也特别开口，显示里层布料，增加褶皱等，这一时期反自然的装饰泛滥。但一般老百姓还是如图40那样，服装比较简便，以便于干活。进入17世纪巴洛格时代后服饰造型更加夸张。图43的男性日常服装已经算是比较土气的了，可是还是有羽毛和蝴蝶结等显示时代特征的装饰。图44是路易14世风格的服装。用蕾丝和蝴蝶结等装饰的半截裤装像裙装一样华丽。图45是流行于17世纪末贵妇人之间的裙撑样式（bustle style）。为了夸张裙子后部，裙撑外加穿套裙（overskirt）。另外，17世纪中期能从荷兰画家伦勃朗（Rembrandt Harmenszoon van Rijn）等人的绘画作品中看出那种流行于佛兰德（Flandre）的服饰受到当时贵族社会的欢迎，男性的宽檐帽上装饰羽毛，衣领装饰白色亚麻布，一副花哨的打扮。如图46。当时的贵妇人则如图47、图48，高腰际线，泡泡七分袖，宽大至肩的大翻领。图49、图50是当时的老百姓装束。虽然朴素，却也不失时尚。18世纪上流阶级的服饰是被称作洛可可（Rococo）风格的优雅服饰，路易15世的宫廷是当时全欧洲的时尚中心。男性外套进一步接近现代的款式。图51是宫廷的男性。图52是宫廷的侍女，干活时要把长长的裙摆卷起。图53是当时的贵妇人。路易16世时期流行的旗手是玛丽·安托瓦内特（Marie Antoinette）王后。如图54那样夸张后臀部线条的裙撑样式再次流行。此类贵族的嗜好和流行，在法国大革命后彻底改变。

49　　　50　　　51　　　52

欧洲服饰用的带有装饰的
安全扣针

图 55、图 56 是革命时期的男女。男性上衣变短，女性也不再用裙撑夸张臀部，裙子被简洁化，大部分人穿着单薄简化，头发也剪短。19世纪拿破仑 1 世实现帝政后，开始流行帝政风格（Empire Style）的服饰。所谓帝政风格主要是模仿拿破仑 1 世推崇的古罗马帝国的流行服饰。比如像图 57 那样把腰际线提高到极限，裙子又长又瘦。图 59 的泡泡袖也流行。男性则如图 58，下穿半截短裤，上穿高领衬衣，脖戴宽幅领带。图 60 是拿破仑失势后流行的浪漫风格（Romantic Style）服装。因为宫廷文化复活，女性喜欢的紧身胸衣（corset）也死灰复燃，重又开始流行。图 61、图 62 是1850 年前后的服装，裙子大型化，里边穿硬衬衬裙撑开裙摆。男性日常即穿图 62 的燕尾服或图 63 的双排扣大礼服（brock coat）。1870 年前后裙子变得更小，如图 64、图 65 那样裙撑样式（bustle style）。此类服装在日本文明开化时期传到日本，被称作鹿鸣馆风格（译注：鹿鸣馆为日本接待外国来宾的国宾馆。明治时期鹿鸣馆是文明开化象征）。

59    60    61    62

65

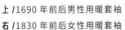

上 / 1690 年前后男性用暖套袖
右 / 1830 年前后女性用暖套袖

**暖套袖 (muff)** ⇨ 外出时暖手用的筒状服饰。材质大多为毛皮，也有海豹皮或天鹅绒。从 16 世纪末到 18 世纪，套袖款式逐渐华美，男子外出亦有使用者。19 世纪以后变为妇女和小孩专用。

66 67 68

男性的双排扣外套（frock coat）变成礼服，如图66，平时则穿西服套装。20世纪初，女性服装如图67不再夸张腰部，仅穿用紧身胸衣（corset）调整体型。然后经过图68蹒跚裙（hobble skirt 又名霍步裙），迎来第一次世界大战。从这一时期开始裙子变短，更方便活动。图69是1920年前后的短裙。男性服装亦定型于图70的西服套装。

69 70

右页上 / 围裙 左起 / 蕾丝装饰围裙，17世纪；刺绣装饰围裙，19世纪；有护胸布围裙 右页中、下 / 袍服 中 / 英国坎特伯里枢机主教 下左起 / 英国国会议员服、剑桥大学学士服、美国最高法院法官服

**围裙 (apron)** ➪ 围在从腰至膝，防止衣服脏污的布块。除劳作防止脏污以外，还有装饰作用。16 世纪法国贵族流行褶皱装饰的围裙。大型围裙是西洋民族服装的重要元素。

**袍服 (gown)** ➪ 又长又宽松的外衣。牧师、法官、大学教授、律师等在执行安葬仪式和例行公务时穿用。英国举行加冕礼 (coronation) 时穿用的外衣和大学毕业时穿的外衣也在此范围内。

洛可可时代的宫廷服装

选自《做法与礼仪》

黄道十二星座●天秤座

# 内衣

穿在外衣里的服装的总称。古希腊的 chiton（外衣）和古罗马的 tunic（束腰长外衣）是一种外衣和内衣兼用的服装。4世纪前后始有上衣和裤子之别，中世出现有袖口和衣领等装饰部分的服装。16世纪以后女性的裙装款式变大后，有了整理裙摆形状的需要，遂出现各种裙撑（hoop）、束身内衣等穿在裙子里边的服饰。

女性用内裤（drawers）也出现在16世纪。今日的内衣大致分为衬衫和衬衣类保温、吸汗等实用性内衣以及胸罩、束身内衣等调整身材线条内衣两大类。后者被特别统称为 foundation（调整型内衣）。另，优美的内衣英语称作"lingerie"，源于法语亚麻制品之意的 linge，因为当初女性内衣基本上都是用亚麻制作的。

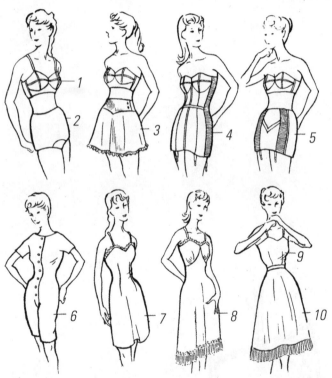

**女性内衣** ⇨ **1.** 胸罩 **2.** 三角裤 **3.** 平口短裤（panties）**4.** 连体内衣（aoo-in-one corset）**5.** 束腰短裤（girdle）**6.** 连衫裤（combination）**7.** 衬衣 **8.** 吊带衬裙 **9.** 吊带衬衣 **10.** 衬裙

**衬衣 (chemise)** ➡ 一种女性内衣，穿在胸罩外边。古时长袖短袖都有，现在大多无袖。在1930年代广为普及，但今天却几乎无人穿用。即使穿用也仅是为了防汗防脏等。衬裙大多使用针织布和绉绸等有伸缩性的材料缝制。

衬衣
**左 /** 1820 年代
**中 /** 1830 年代
**右 /** 1695 年代

衬裙（下同）

**吊带衬裙 (slip)** ➡ 一种女性内衣。为使内衣整体合体，裙子形状美观而穿用。17 世纪前后开始出现，当时用亚麻、丝绸、棉布等缝制，现在多用尼龙、人造丝、涤纶等材料缝制。

**吊带衬衣 (camisole)** ➡ 一种女性内衣。无袖贴身，长及腰际。能使裙子形状更完美。常与衬裙一起使用，以代替吊带衬裙。

**衬裙 (petticoat)** ➡ 女性用衬裙。与吊带衬衣等一起穿用，可代替吊带衬裙 (silp)。有贴身衬裙和喇叭摆衬裙，多用丝绸、尼龙、针织品等手感光滑的材料缝制。

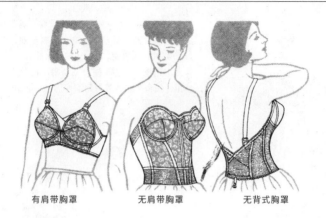

有肩带胸罩　　　　　无肩带胸罩　　　　　无背式胸罩

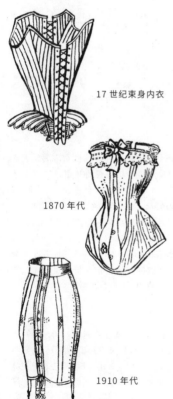

17 世纪束身内衣

1870 年代

1910 年代

**胸罩 (brassiere)** ⇨ 女性用于支撑乳房，美化胸部的内衣。一般都有肩带，也有无肩带和无背式胸罩。

**束身内衣 (corset)** ⇨ 女性用内衣之一。收束调整从胸部至腰间的体型。用鲸须或钢圈作骨架，然后用棉布、丝绸、尼龙、橡胶布等缝制。15 至 16 世纪前后开始流行，但现代人则多用束腰短裤 (girdle)。

**泳装** ⇨ 游泳时所穿衣服。另有海水浴用泳装。女性泳装在 19 世纪以后才开始兴起。当初多为长睡衣以及宽松长裤与上衣搭配穿用等款式。进入 20 世纪后出现了贴身连衣和上下两件式短泳装。右页是海水浴泳装的变迁图。左起，1850 年代宽松长裤型泳装、1890 年代泳装、1920 年代 ASA（美国标准协会）规定泳装、1955 年代泳装、最右图为比基尼泳装。

内衣●伞●鞋

裙撑的变迁 ⇨ **1.** 16 世纪西班牙裙撑 (farthingale) **2.** 16 世纪法国裙撑 (farthingale)，**3.** 18 世纪篮筐裙撑 (panier) **4.** 19 世纪克里诺林裙衬 (Crinoline) **5.** 垫臀裙撑 (bustle)

内衣●伞●鞋

**丝质礼帽**⇨男性用礼帽。帽冠高,帽顶平。黑色为正装色,以真丝特殊纺制的材料制作。欧美人观赏赛马、板球赛等野外活动时戴用。

丝质礼帽
19 世纪初法国

**软毡帽**⇨又称中折帽。用软毛毡制作,与正式场合戴用的丝质礼帽和高顶帽等硬质帽子不同,为平时戴用。大多为帽檐两边少许卷起,帽顶中心折下的汉堡型(hamburg)。

**猎帽(hunting)**⇨又称鸭舌帽。本为狩猎用帽子,现在一般被作为运动时戴用的帽子。制作方式有六片、八片拼接和一片式等,材质有羊毛、棉、麻等。

1900 年代

**贝雷帽**⇨圆顶无檐帽。据传最早为西班牙巴斯克(Basque)地区农民戴的帽子,后流传各地。用柔软羊毛毡或毛线制作,男女均可戴用。

**罩帽(bonnet)**⇨本为无边帽的总称,但 19 世纪前后流行的用绢花装饰,颚下系丝带的女性帽子也被称作罩帽(bonnet)。现在的罩帽两边帽沿加深,覆盖双耳,逐渐在后头部消失。

贝雷帽

**左 /** 软毡帽 **中 /** 猎帽
**右 /** 提洛尔帽(tyrolean hat)

18 世纪女帽　　　　　　　　20 世纪初女帽

**女帽⇨ 1.** 吊钟型 (cloche) **2.** 贝雷型 (beret) **3.** 布列顿型 (breton) **4.** 罩帽型 (bonnet)
**5.** 无边型 (toque) **6.** 宽边型 (capeline) **7.** 硬草帽 (canotier) **8.** 缠头型 (Turban)
**9.** 发髻型 (coiffe) **10.** 波蕾若型 (Bolero) **11.** 瓜皮型 (cap) **12.** 套头型 (hood)

**西洋头巾⇨ 1.**古埃及的鹰型头巾 **2.**橄榄枝做的桂冠 **3.**13世纪女用护肩帽(gorget) **4.** 尖顶垂纱帽 **5.**15世纪前后的头巾型男帽(chaperon) **6.**16世纪的无边男帽(toque) **7.**17世纪的芳达姬蝴蝶结(Fontanges bow) **8.** 卡拉什式女帽(Kalash)

欧洲
19世纪初期

巴基斯坦

苏丹

**缠头巾 (turban) ⇨** 又译特本。伊斯兰教徒以及中亚各国男子缠在头上的头巾。一般在土耳其毡帽(fes)上缠裹羊毛、亚麻、棉、丝等质料的长布。长布的颜色和缠裹方式因身份、地位、宗派、部族等不同而异。19世纪以后仿照这种型式制作的女帽亦被称作特本帽。

克什米尔

内衣●伞●鞋

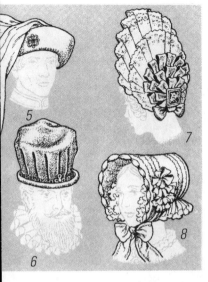

上／伊斯兰教徒的面纱（yashmak）**中右**／中世的亚麻头纱 **中左**／19世纪中期罩在骑马帽上的面纱 **下**／1950年代有面纱装饰的帽子

**面纱 (veil)** ⇨ 用于遮盖头部和面部的女性用轻薄纱布。面纱自古即有，现在多用丝网、绢网、蕾丝等布料缝制，主要用于帽子的装饰及婚纱。西班牙女性喜用的连披肩头纱 (Mantilla) 和伊斯兰教徒女性头戴的雅仕马克 (yashmak) 也属于一种面纱。

领结
**上左** / 1790 年代
**上右** / 路易 14 世时代
**下左** / 第一共和时代
**下右** / 与衣领的搭配

领结、领带 ⇨ **1.** 古代罗马的领巾 **2.** 17 世纪的围巾 (cravat) **3.** 17 世纪末期的司蒂恩科克式领巾 **4.** 1795 年代的领结 **5.** 被冠以路易 14 世爱妾拉瓦里埃尔 (lavaliere) 名的大蝴蝶结领结 **6.** 斯托克式领结 (Stock tie) **7.** 礼服用领结 **8.** 四手结 (Four-in-Hand)

## 领结、领带

缠绕在脖颈或衣领上，并在前边打结固定的条状布料。一说始于罗马帝国军人戴的领巾。另一说源于 17 世纪后期法国皇室护卫团克罗地亚士兵的围巾 (cravat)，宫廷人模仿后遂流行。

胡须造型 ⇨ **1.** 16 世纪弗朗索瓦 1 世的胡须 **2.** 16 世纪亨利 4 世的胡须 **3.** 17 世纪荷兰画家范戴克 (Anthony van Dyck) 的胡须 **4.** 19 世纪络腮胡 **5.** 19 世纪拿破仑 3 世的胡须 **6.** 凯撒胡 **7.** 卓别林胡 **8.** 考尔曼 (Ronald Colman) 胡

内衣 ● 伞 ● 鞋

1    2    3    4

5    6    7    8

1    2    3    4

5    6    7    8

内衣●伞●鞋

**欧洲假发**⇨ **左/**古埃及假发 **中/**路易 14 世时代（17 世纪）的假发 **右/**英国 法官佩戴的假发

## 假发

西洋人自古使用。有为打扮或实用 的，也有为显示威严而特意装饰的。

**左页上/蝴蝶结的用途**⇨ **左上/**古希腊 装饰头发的蝴蝶结 **左下/**16 世纪意大 利女性装饰在服装上的蝴蝶结。**右/** 路易 14 世时代法国贵族系在服装上 的蝴蝶结，据传使用了 300 米以上的 布条。

半覆面具
（domino）

男女小丑

16 世纪的假黑痣与面具

**左页下/羽饰（panache）**⇨ **左/**15 世纪 的羽饰。**右上/**装饰在军帽上的羽饰。 **右下/**20 世纪女帽上的羽饰。

1870 年代的阳伞

亚述帝国遮阳伞

古希腊遮阳伞

英国慈善家汉威（Jonas Hanway）第一次在伦敦街头打雨伞（18 世纪）

古希腊阳伞

# 伞 parasol

亦称阳伞，源于意大利语。欧洲远自古希腊、古罗马时代就有使用。多用亚麻或蕾丝材料制作，其款式和颜色，把柄长短等因时而变。

19 世纪女用阳伞

*1*

*2*

*3*

*6*

*5*

*7*

*4*

*8*

天盖式遮阳伞
*1.* 古代波斯
*2.3.* 亚述
*4.* 暹罗国王用
*5.* 印度
*6.* 埃及俄比亚
*7.8.* 缅甸

# 手套

用于美化或防寒、保护双手的服饰，分5指手套(glove)和仅有大拇指分开的连指手套(Mitten)两种。男性正式礼服配套的手套一般用白羊羔皮制作，但一般用手套则用白亚麻和丝绸等制作。女性用手套根据服装款式不同，分别用绸缎、尼龙、蕾丝等材料缝制。

**手套** ⇨ **1.**16世纪英国的皮制手套 **2.**19世纪英国印有纹样的翻毛皮制手套 **3.**中世英国主教戴的手套 **4.5.6.7.**为现代的手套 **4.**男性用皮手套 **5.**女性用皮手套 **6.**长手套 **7.**毛织连指手套

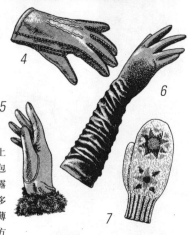

**方巾 (scarf)** ⇨ 一种女性围在脖子上的方形布。除了围在脖子上防寒和包头以外，也有装饰作用。或从领口露出部分，或替代腰带系在腰间等。多用毛线、丝绸、化学纤维等质地轻薄的布料制作。形状为四方形和长方形，大多印有纹样。

披肩
(shawl)

斗篷

暖手筒

西班牙披肩

**围巾(mafra)** ⇨ 围在脖颈，兼具防寒和装饰作用的长方形布料。用驼绒、开司米等手感光滑的毛织品或毛线织品以及丝绸、尼龙等质感好的乔其纱(georgette)等制作。

披肩围巾
(stole)

毛皮或
羽毛长
围巾(boa)

方巾
(scarf)

薄围巾
(neckerchief)

围巾(mafra)

**凉鞋 (sandal)** ⇨ 鞋底用绳或带固定在脚上，没有脚面部分的鞋。古代埃及用木材、亚麻、纸沙草、毛皮等制作，古希腊、罗马也非常盛行。凉鞋现在人也普遍穿用，一般用皮革、橡胶、塑料、木材等制作。

古代埃及王的木凉鞋

古罗马凉鞋（clevis）

撒丁岛凉鞋（sandayon）

印度贵族夹趾凉鞋

土耳其镶金木屐

**木鞋 (sabot)** ⇨ 用耐水、坚韧的柳木、核桃木、山毛榉等材质坚硬的木材制作的木鞋。先把原木放在露天干燥数月，然后把干燥好的木头切割镂空成形。古代埃及和罗马已经存在，到中世欧洲广为流传，现在还是法国和荷兰民族服装的一部分。有白木木鞋、黑漆木鞋以及脚背加有皮制鞋带的木鞋等。下图为荷兰木鞋。

**东方的鞋靴** ⇨ 1. 蒙兀儿帝国王的布制长靴（17世纪）2. 印度回教徒皮鞋 3. 韩国皮拖鞋 4. 韩国木鞋 5. 中国缠足妇女的布鞋 6. 中国布鞋 7. 中国戏装厚底布靴

18 世纪有跟
拖鞋（mule）

有跟拖鞋

无鞋帮便鞋（dorsay）

**各种拖鞋**
**上排左起 /** 18 世纪有跟拖鞋，有跟拖鞋，无鞋帮便鞋
**下排左起 /** 女用茉莉亚便鞋，艾佛里特便鞋

女用茉莉亚
便鞋（juliet）

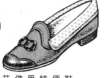

艾佛里特便鞋
（everett）

**裹腿（gaiter）** ⇨ 类似于绑腿的包裹腿部和脚部的服饰。直接穿在裤子外边或鞋上。有侧面加排扣，从脚面到脚弓用鞋带绑扎形式的和长条布带从脚面卷到小腿，在膝盖下用细绳扎紧形式两种。一般用厚棉布、毛织物、皮革等制作。多用于军装、户外活动、登山等。

**裹腿**⇨
**左上 /** 狩猎用皮制裹腿，**左下 /** 日常用布制裹腿，**中 /** 1880 年代军用裹腿，**右 /** 19 世纪初期军用布制裹腿

古罗马鞋（calceus）

台湾木屐

古罗马凉鞋
（soleae）

西洋木屐
（patten）

印第安莫卡辛鞋
（moccasin）

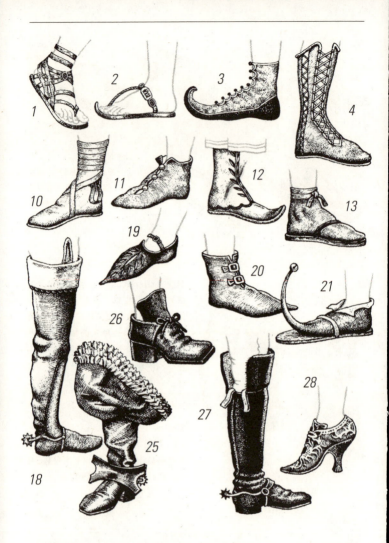

西洋鞋靴⇨ **1.** 古希腊鞋 **2.** 古埃及妇女凉鞋 **3.** 亚述人鞋 **4.** 亚述军鞋 **5.** 古代波斯纽扣鞋 **6.** 古希腊男鞋 **7.** 古希腊男厚毡靴 **8.** 古希腊女高筒靴 **9.** 古希腊厚底鞋 **10.** 古希腊带绑鞋 **11.** 古希腊女鞋 **12.** 古代伊特鲁里亚人鞋 **13.** 古罗马鞋 (calceus) **14.** 古罗马高官鞋 **15.** 古罗马皇帝御靴 **16.** 高卢人莫卡辛型鞋 **17.** 11 世纪法国长筒靴 **18.** 12 世纪马靴 **19.** 13 世纪英国鞋 (escarpine) **20.** 11 至 12 世纪前后英国鞋 **21.** 14 世纪法国鞋尖戴铃鞋 **22.** 15

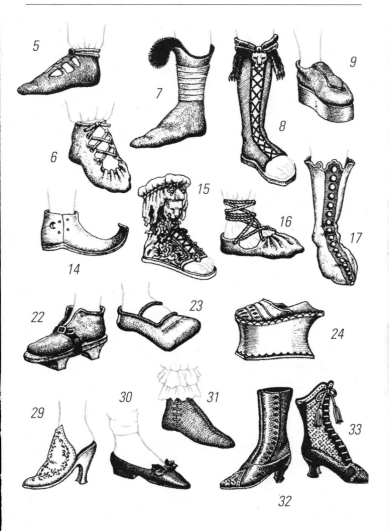

世纪德国贵族有木屐的鞋 **23**.16 世纪法国贵族宽头鞋 **24**.16 世纪威尼斯女厚底鞋（chopine）**25**.17 世纪法国长靴 **26**.17 世纪后期英国男牛津鞋 **27**.18 世纪末法国长靴 **28.29**.18 世纪中期法国女鞋 **30**.19 世纪男皮鞋（pumps）**31**.19 世纪少女布鞋 **32**.19 世纪排扣女靴 **33**.19 世纪绑带女鞋

各种鞋⇨上排 / 男士鞋 下排 / 女士鞋 上左起 / 三节头皮鞋；外耳式鞋 (derbies)；翼型前片皮鞋 (wing tip)；舌式鞋 (slip-on shoes) 下左起 / 浅口皮鞋 (pumps)；船形皮鞋 (cutter shoes)；凉鞋；马鞍鞋 (saddle shoes)

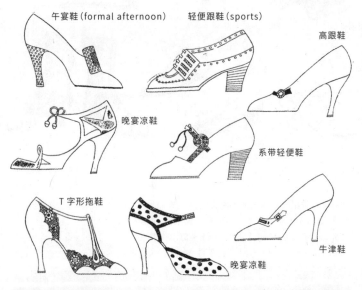

午宴鞋 (formal afternoon)　　　轻便跟鞋 (sports)

高跟鞋

晚宴凉鞋

系带轻便鞋

T 字形拖鞋

晚宴凉鞋

牛津鞋

# 鞋

迄今为止发现最早的鞋是古埃及的凉鞋 (sandal)，这种鞋一直传承到古希腊、古罗马。古希腊除此之外，还有一种用一张皮革包裹脚的莫卡辛型低腰鞋和长靴，古罗马也有拖鞋和长靴。中世出现了用皮革和优美的布料制作的各种鞋，还长期流行鞋尖又尖又长的鞋。16 世纪发明了带有鞋跟的鞋，19 世纪中期开始使用缝纫机大量缝制。

鞋的构造与各部名称

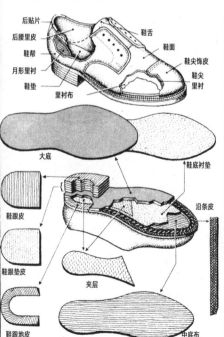

后贴片
后腰里皮
鞋帮
月形里衬
鞋垫
里衬布

鞋舌
鞋面
鞋尖饰皮
鞋尖里衬

大底

鞋跟皮

鞋跟垫皮

鞋跟地皮

鞋底衬垫

夹层

沿条皮

中底布

鞋的各种制法

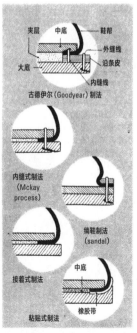

夹层　　中底　　鞋帮
大底　　　　　　外缝线
　　　　　　　　沿条皮
　　　　　　　　内缝线

古德伊尔 (Goodyear) 制法

内缝式制法
（Mckay process）

缝鞋制法
(sandal)

接着式制法

中底

橡胶带

粘贴式制法

穿厚底鞋的女性
16 世纪

**厚底鞋 (chopine)** ⇨ 文艺复兴时期身穿大裙摆时髦女性穿的鞋。鞋底用轻质木材制作，为显示身材高挑而穿用。

# 教会●民居

m  Scorpius

黄道十二星座●天蝎座

# 拱券

用于建筑或桥梁等的弧形结构,利用沿弧传送的压力支撑弧上的重量。使用耐压的石头和砖块等建筑的拱券公元前就已经出现,罗马和拜占庭时代广泛用于建筑,发明半圆形、马蹄形、尖顶形等各种式样,与楣式(梁式)构造同为石造建筑两大形式之一。这些弧形拱券是用楔形拱石堆砌而成的堆砌式拱券,后来出现利用小块木材或钢铁组成的桁架拱券(trussing),以及钢材和钢筋水泥建成的拱券,最新式的桥梁和水库等也多利用拱券结构。

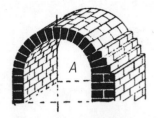

筒形拱

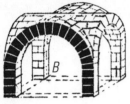

十字拱

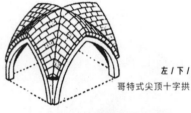

左 / 下 /
哥特式尖顶十字拱

拱顶石
拱石
拱距

半圆拱

尖顶拱(lancet arch)　洋葱形拱　平拱

半圆拱

平圆拱

椭圆拱

抛物线拱

多角形拱

尖顶拱

马蹄形拱

五心花瓣拱

多心花瓣拱

三心花瓣拱

平拱

三心拱

石料堆砌法

上 / 乱层堆砌法 下 / 三种整层堆砌法

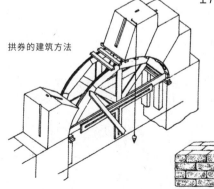

拱券的建筑方法

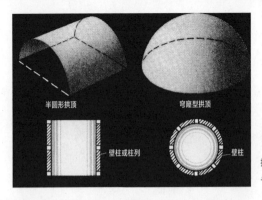

半圆形拱顶

穿窿型拱顶

壁柱或柱列

壁柱

拱顶的种类
与结构

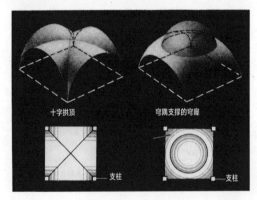

十字拱顶

穿隅支撑的穿窿

支柱

支柱

拱顶的种类
与结构

罗马式四肋拱顶

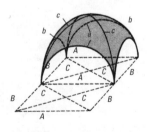

罗马式六肋拱顶

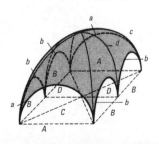

**拱顶 (Vault)** ⇨ 相对于平面屋顶，拱形或凹曲面形的屋顶，称作拱顶，亦称穹窿。古罗马发明后盛行，特别在中世哥特式建筑中，不但力学上重要，在美观上也具有重要作用。有筒形拱、肋形拱、十字拱、星形拱等。

**扶壁 (buttress)** ⇨ 又称拱壁。为支撑拱券或拱顶的侧面压力，在外墙之外增建的有一定间隔的扶壁。既有比增加墙壁厚度更有效的力学效果，同时还有一定的装饰效果。古代建筑已经存在，中世以后得到普及。特别在哥特式建筑中用于从中殿墙壁飞跨侧廊，被称作飞扶壁 (flying buttress) 的扶壁成为哥特式建筑的一大特色。

石砌拱顶

石砌穹窿

尖肋拱顶

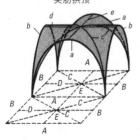

**肋形拱主要结构**

*a*. 横肋

*b*. 拱肋

*c*. 对 T 角肋条

*d*. 拱肋肋柱

*e*. 脊肋

**ABCDE** 分别为 **abcde** 在平面上的投影线

耶稣教堂（Chiesa del Gesù）
立面

**哥特式美术（Gothic art）** ⇨
中世欧洲继罗马式后兴起的一种新的基督教美术样式。12世纪中期从法兰西岛出现后，以法国北部为中心迅速传遍英国、德国、意大利等欧洲全域，并一直流行至15世纪。建筑是哥特式美术的中心。哥特式宗教建筑因为采用了尖顶拱、肋拱、飞扶壁等建筑样式，突出了建筑的崇高性，再加上窗户的大型化以及彩色玻璃的隆盛，更给建筑增加了宗教的精

神性。著名哥特式建筑有沙特尔圣母主教座堂（Cathédrale Notre-Dame de Chartres）、亚眠主教座堂（Cathédrale Notre-Dame d'Amiens）、兰斯主教座堂（Notre-Dame de Reims）等。

**立面（façade）** ⇨ 特指西欧建筑的正面。哥特式建筑可有两个以上的立面。一般都面向道路或广场，作为建筑的脸面，具有重要意义。

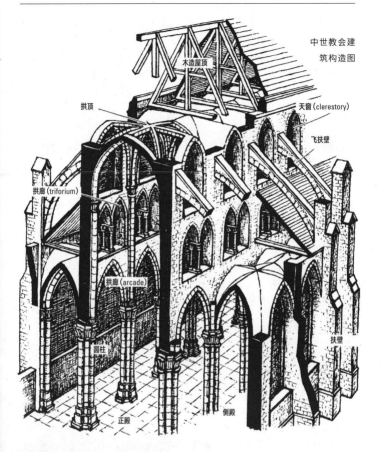

中世教会建筑构造图

木造屋顶

拱顶

天窗 (clerestory)

飞扶壁

拱廊 (triforium)

拱廊 (arcade)

圆柱

拱壁

正殿

侧殿

# 教堂建筑

教堂或称圣堂,是基督教举行礼拜和各种典礼的场所。教堂建筑起源于罗马时代基督教徒因受迫害,用于礼拜和聚会的私人住宅等。米兰敕令(或译米兰诏令)后各地大量建造,建筑样式基本定型。教堂建筑基本样式来自古希腊、罗马时代的巴西利卡(Basilica)建筑,有两种形式。一种是由中殿和侧廊组成的长方形巴西利卡式教堂,另一种是起源于古代东方的具有中央穹窿的集中式教堂。正门朝西,祭坛在教堂内殿东边深处。西欧反映拜占庭建筑和罗马建筑的时代精神以及技术进步的教堂,进一步发展到哥特式建筑后终于完成了具有明亮和合理建筑构造,并能体现教会尊严的教堂样式。

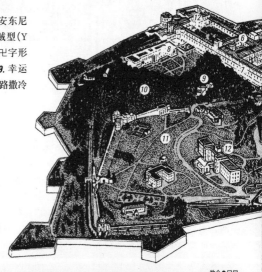

**十字架** ⇨ 古代东方各国的一种刑具。自古各民族就有各种刑具,其中尤以十字架这一刑具最为残酷。耶稣被磔刑后十字架成为基督教的象征,象征着为救济人类而牺牲的祭坛,以及对苦难以及死亡和地狱的胜利。天主教信徒在奉献和祝福等的时候,用手按额头、胸前、左肩、右肩的顺序画十字形,以象征十字架。

**上 / 各种十字架** ⇨
**1.** 希腊式 **2.** 拉丁式 **3.** 安东尼型 **4.** 圣安德鲁型 **5.** 盗贼型(Y形) **6.** 生命之符形 **7.** 卍字形 **8.** 洛林型(双十字架) **9.** 幸运草形 **10.** T字端形 **11.** 耶路撒冷型 **12.** 俄罗斯型

**梵蒂冈宫殿** ⇨ 梵蒂冈教宗宫殿。始于5世纪末西玛克教宗在梵蒂冈建设的居所。1377年格鲁戈里11世教宗把教宗厅迁移至此,并扩建成宫殿。后经伯拉孟特(Donato Bramante)、米开朗基罗(Michelangelo)等建筑家的增建扩建,形成了今日的规模。宫殿由波吉亚(Borgia)家族寓所、美景庭院(Belvedere)、西斯廷礼拜堂(Cappella Sistina)等构成,有一千多间房间,20个中庭,曲径回廊,构成复杂。教宗居所仅占其中很小一部,大部分作为美术馆、图书馆等对外开放

耶稣基督在耶路撒冷的各各他山（Golgatha）被钉在十字架上处刑。

# 梵蒂冈

正式名称为梵蒂冈城国。位于意大利南部，罗马西部，是全世界最小的国家。全世界天主教教会最高权力机构圣座所在地。面积 0.44 平方公里，人口约 800 人。元首为教宗，市民大部分是为圣座服务的神职人员。梵蒂冈与全世界各国交换大使。有梵蒂冈宫殿，圣彼得大殿等著名建筑，还有西斯廷礼拜堂、梵蒂冈美术馆以及收藏有包括 1200 余部手抄古籍在内的 90 余万部图书的图书馆等。公元 4 世纪，君士但丁 1 世在圣彼得殉难处建立了大教堂（即圣彼得大殿前身）。9 世纪中期受到伊斯兰教徒攻击后建设城墙，1377 年格雷戈里 11 世（Papa Gregorius XI）把教廷从法国迁到罗马，梵蒂冈随成为教宗常住地。15 世纪以后成为天主教会的中心。1870 年被意大利王国收为自国领地，1929 年与意大利签订《拉特兰条约》后梵蒂冈城国诞生。

**梵蒂冈城国⇨**

1. 圣彼得广场 2. 城国入口 3. 圣彼得大殿 4. 西斯廷礼拜堂 5. 教宗馆 6. 图书馆 7. 美术馆 8. 绘画馆 9. 庇护 4 世（Pius IV）设立的别墅 10. 旧庭院 11. 庇护 11 世建的新庭院 12. 官邸

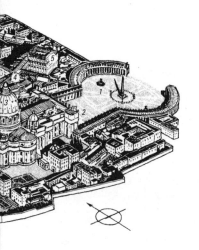

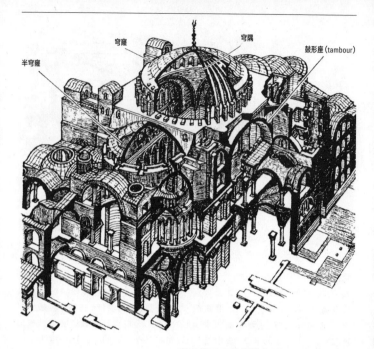

穹窿

穹隅

半穹窿

鼓形座(tambour)

圣索菲亚大教堂结构图⇨ 巧妙结合了集中式与巴西利卡式特点的穹窿巴西利卡式建筑。被誉为拜占庭时代建筑典范。

圣索菲亚大教堂剖面图

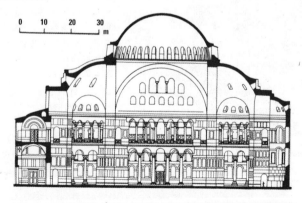

0　10　20　30
m

教会●民居

## 圣索菲亚大教堂
## Sancta Sapientia

位于土耳其伊斯坦堡的早期拜占庭建筑。查士丁尼 1 世（Justinianus Ⅰ）于公元 537 年重建。本为拜占庭帝国历代皇帝的宗庙，15 世纪成为土耳其帝国清真寺，现在被作为美术馆利用。以融合集中式和巴西利卡式建筑特色为特色，壁面用多色大理石与金箔马赛克拼贴而成。

建筑装饰用的狮鹫雕像

## 狮鹫 Griffin

空想动物。头部和前肢及翅膀为鹰鹫，身体与后肢为雄狮。起源于东方，被用于建筑装饰和家族徽章。在希腊神话中，狮鹫是北方未知的塞西亚国（Scythians 又译斯基泰）镇守黄金的怪兽，与独目人争斗过。

装饰在瓦当上的怪兽

# 沙特尔圣母主教座堂
## Cathédrale Notre-Dame de Chartres

又译夏特主教座堂、夏尔特主教座堂，位于法国中北部的沙特尔市，是著名的圣母玛利亚教堂。现在的教堂是1194年至1260年建成的法国代表性哥特式建筑，之前的教堂在1194年的大火中烧失，仅残存西正面和双塔（12世纪中期）等。南北各正面的雕刻群像大部分为13世纪前半期的作品，与西正面"王者之门"（Portal Royal）的雕刻同为哥特式雕刻样式的重要作品。另外，装饰整个教堂大窗户的彩色玻璃（12-13世纪）尤为著名，被誉为"光彩艺术"。

哥特式修道院外观

沙特尔圣母主教座堂的
彩色玻璃画《最后的晚餐》

描绘有教堂建筑
的彩色玻璃

# 花窗玻璃 stained glass

中世基督教教堂，特别是哥特式教堂窗户上镶嵌的彩色玻璃。用金属氧化物颜料涂色，黑褐色釉料加边框并表现阴影，烧制而成的玻璃片，用工字形铅条连接成一个画面。彩色玻璃画一般取自圣经故事或圣人故事传说，巨大的彩色玻璃画使得教堂华丽并庄严。彩色玻璃的制作技法在卡洛林王朝已经出现，到 12 世纪初期基本完成。12 世纪中期盛行建筑设有巨大窗户的哥特式教堂后迎来全盛期，法国、英国、德国尤为多用。

**熙笃会 (Cistercians)** ⇨ 为忠实遵守圣本笃会会规和坚持严格的修道生活，1098 年圣乐伯 (Saint Robert) 在法国的熙笃 (Citeaux) 创设的修道院。12 世纪初期经圣伯纳德 (Bernard of Clairvaux) 尽力，熙笃会影响范围扩大到西欧。上／熙笃会修道院彩色玻璃。

沙特尔圣母主教座堂
的彩色玻璃

# 锁子

安装在门窗、抽屉、保险柜等上起保护作用的金属制品。多用钥匙开闭，也有安装在内侧用手操作开闭的门闩、插销等。

# 钥匙

插入锁子操作锁子开关的金属制品。从简单的门闩到打开圆筒锁芯用的复杂钥匙，各种各样。钥匙的用途因为能使人联想到财产，所以常用作所有权和权力的象征。

欧洲各时期的钥匙⇨
**1.** 古罗马时期 **2.** 法兰克王国墨洛温王朝时期 **3.** 7世纪 **4.** 16世纪 **5.** 17世纪 **6.** 18世纪

中国唐代的钥匙

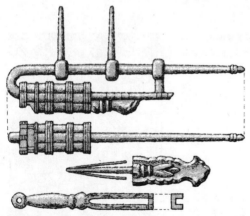

教会●民居

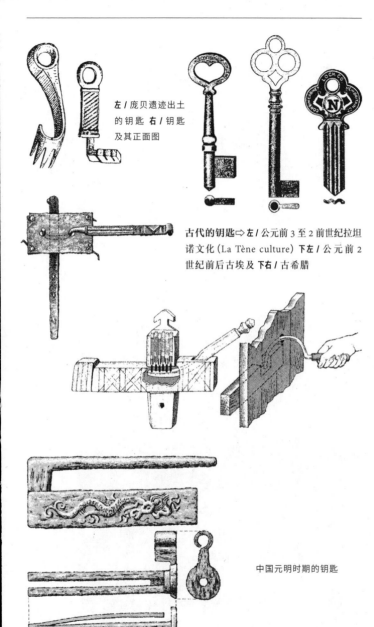

**左** / 庞贝遗迹出土的钥匙 **右** / 钥匙及其正面图

古代的钥匙⇨**左** / 公元前 3 至 2 前世纪拉坦诺文化 (La Tène culture) **下左** / 公元前 2 世纪前后古埃及 **下右** / 古希腊

中国元明时期的钥匙

罗马时代的油灯

# 烛台

固定蜡烛的灯盏。多用锡、银、木、竹、陶等制作。有做成人偶形状的中国的烛奴,还有小型用于近前照明的手烛等。西洋有固定单支蜡烛的立式烛台、固定于墙壁上的壁挂式烛台、大型烛架 (candelabrum)、环状的装饰吊架烛台等。旧约圣经中提及的耶路撒冷神殿插有 7 支蜡烛的烛架最为著名。文艺复兴、巴洛克、洛可可等各时期都出现有大量精巧的装饰性烛台。

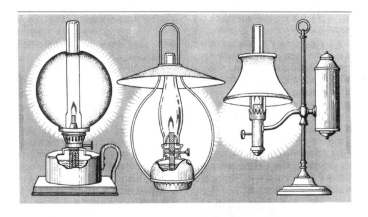

**油灯**⇨ **左 /** 桌上用台式卷芯油灯。**中 /** 平芯吊灯。**右 /** 19 世纪中期油槽和灯火分离的银制油灯。

**左页下 / 烛台**⇨ **左 /** 路易 16 世样式的大型烛架 **中 /** 波斯镶银青铜烛台 **右 /** 路易 15 世样式的立式烛台

## 白炽灯

在真空或充填氩气、氮气等密封的玻璃球内安置电阻(灯丝),通电后使灯丝发热产生白光的电灯泡。19 世纪后期英国发明家斯万(Joseph Wilson Swan) 和美国发明家爱迪生用棉线和竹纤维研究制作碳素灯丝,推进了白炽灯的实用化。现在白炽灯使用的是卷状的钨丝。

爱迪生发明的碳丝电灯泡

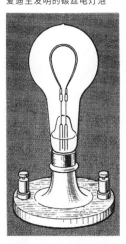

**爱迪生 (Thomas Alva Edison)** ⇨
美国发明家。俄亥俄州生。少年时代当过报童,后成为电报员,从而接触和学习了有关电信知识。他边工作边发明,1870 年辞职专做发明。在发明证券报价机和打字电报机等后,与 1877 年发明了留声机,1879 年发明了白炽灯,随后还设计了发电送电配电机器以及配电方式等。1882 年设立了全世界最早的中央发电厂和爱迪生电灯公司,开创了电气事业的先河。

吊顶烛架⇨左 / 路易 14 世时期法国的青铜制吊顶烛架。下 / 欧洲中世修道院使用的吊顶烛架。右页上 /18 世纪意大利威尼斯玻璃制吊顶烛架。

蜡烛用吊灯

# 吊灯 chandelier

本为烛台烛架的总称。蜡烛用烛台始于 14 世纪，17-18 世纪前后造型趋于艺术，逐渐成为舞踏会场等不可或缺的装饰性照明灯具。现在特指吊顶的装饰性灯具，大多使用白炽灯泡。

右页下 / 半间接照明用吊灯。利用光的扩散效果使照明光线柔和温馨。

# 座椅

用于坐卧的家具。除供休息以外，还被用作权威的象征。古埃及座椅便成为王座。古希腊时开始重视坐卧的舒适性，而到了中世则出现了扶手和华盖等，更重视王座的权威性和装饰性。欧洲直到 18 世纪以后椅子才成为一般市民使用的家具。出现了弯曲木框架插入圆木棍的英国温莎椅 (Windsor chair)、藤条编制的藤椅等具有浓厚地方特色的各种椅子。还有以斜躺休息为目的的摇椅、椅座伸出前边兼具躺卧功能的躺椅、没有椅背的椅凳、有舒适椅垫的沙发椅等。

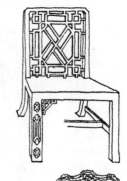

齐本德尔 (Thomas Chippendale)
设计的椅子
**上 /** 格子椅
**中 /** 彩带式椅
**下 /** 垂直椅

古埃及座椅

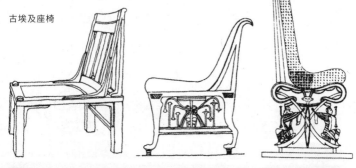

1. 公元前 1 世纪罗马青铜躺椅 2.16 世纪文艺复兴时期意大利木椅 3.17 世纪初文艺复兴时代的皮椅 4.17 世纪中期英国詹姆士 1 世时期的栎木椅 5.18 世纪中期路易 15 世时代法国椅子 6. 代表形梯形椅背摇椅

7. 1762 年齐本德尔制作的沙发 8. 齐本德尔制作的具有中国特色的椅子 9.18
世纪后期英国海普怀特 (George Hepplewhite) 设计的椅子 10. 英国喜来登
(Thomas Sheraton) 设计的椅背 11.18 世纪传教风格 (mission style) 的桌椅
12. 帝政风格 (Empire style) 的撒丁王御座 13. 奥地利的托勒 (thonet) 公司工
业化生产的摇椅 (1860 年型) 14. 温莎椅之一 15.19 世纪初期的阅读椅 16.20 世纪初
的新艺术派 (Art Nouveau) 椅子

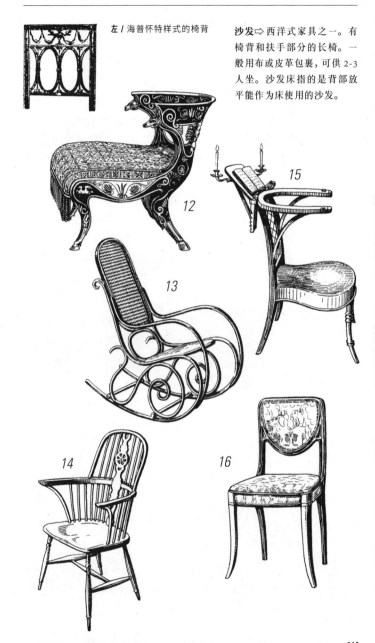

左 / 海普怀特样式的椅背

**沙发** ⇨ 西洋式家具之一。有椅背和扶手部分的长椅。一般用布或皮革包裹，可供 2-3 人坐。沙发床指的是背部放平能作为床使用的沙发。

12

15

13

14

16

俄罗斯西北部奥涅加湖
畔的木造民居

德国东部萨克森
(Sachsen)型民居

佛里斯兰 (Frisian)
型民居

法兰克型民居

原始日耳曼族的房屋
纪元前后的建筑

德国东部的民居

德国巴伐利亚型民居

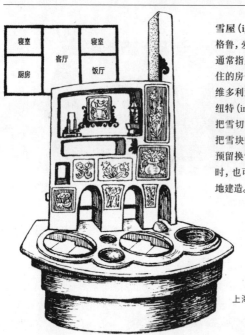

雪屋(igloo) ⇨ 又译冰屋或伊格鲁，爱斯基摩语是家的意思，通常指用雪块堆积建造供人居住的房子。分布在加拿大北部维多利亚岛至巴芬岛一带的因纽特(inuit)人居住区。按雪质把雪切割成适当的雪块，然后把雪块螺旋状堆砌成屋，屋顶预留换气孔。冬天积雪期登山时，也可在平缓斜面的坚硬雪地建造。

灶台

上海郊外的民居

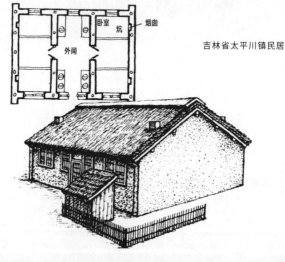

吉林省太平川镇民居

蒙古包 图中央省略部分毛毡，
显示蒙古包骨架

雪屋（igloo）

**汉代民居**⇨
下／四川省宝成铁路沿线出图的画像砖
拓片。描绘的是房屋和院子。

**蒙古包**⇨蒙古人和吉尔
吉斯人等生活在中亚至
北亚的草原地带的游牧
民族的移动式住居。用
杨树或榆树枝干为材料
组建圆筒状墙体，在其
上搭建伞形能开闭的屋
顶，然后用毛毡覆盖即
成。一般高 4-5 米，直径
5-6 米。

意大利特鲁洛（Trullo）民居

左为剖面图

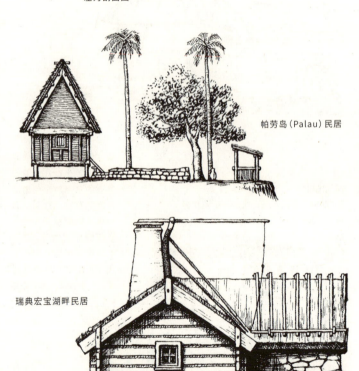

帕劳岛（Palau）民居

瑞典宏宝湖畔民居

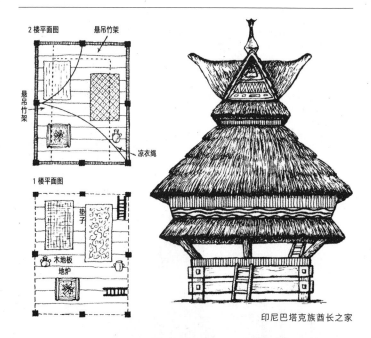

2 楼平面图　　悬吊竹架

悬吊竹架

凉衣绳

1 楼平面图

木地板
地炉
垫子

印尼巴塔克族酋长之家

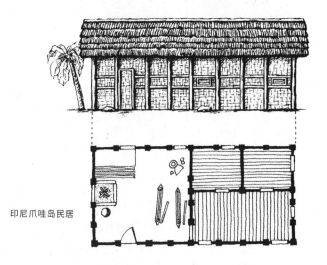

印尼爪哇岛民居

1. 纽约帝国大厦，高 397 米。 2. 纽约克莱斯勒大厦，高 317 米。 3. 巴黎埃菲尔铁塔，高 300 米。 4. 纽约曼哈顿银行大厦，高 281 米。 5. 纽约伍尔沃斯大楼，高 232 米。 6. 纽约林肯大厦，高 204 米。 7. 日本福岛原町电信塔，高 200 米。 8. 纽约大都会人寿保险大楼，高 199 米。 9. 纽约人寿保险大楼，高 188 米。 10. 华盛顿纪念碑，高 168 米。 11. 德国科隆大教堂，高 152 米。 12. 法国鲁昂大教堂，高 151 米。 13. 奥地利维也纳圣史蒂芬大教

堂，高 139 米。 **14.** 意大利罗马圣彼得大教堂，高 138 米。 **15.** 比利时安特卫普圣母大教堂，高 130 米。 **16.** 法国亚眠主大教堂，高 128 米。 **17.** 德国雷根斯堡大教堂，高 126 米。 **18.** 西班牙布尔戈斯大教堂，高 109 米。 **19.** 伦敦圣保罗大教堂，高 109 米。 **20.** 巴黎荣军院，高 104 米。（下转 252 页）

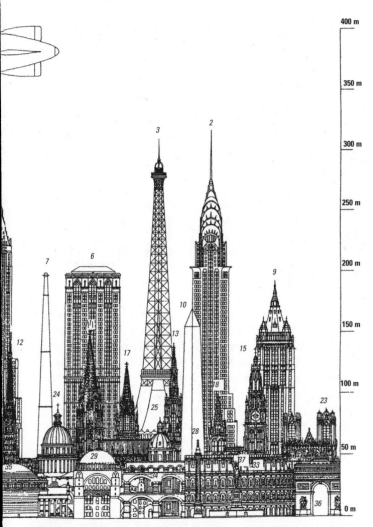

风向标⇨ 屋顶或塔顶的装饰。随风转动，指示风
向。左／英国中世的风向标。右／风向鸡。

（上接 251 页）

**21.** 日本奈良东大寺五重塔，高 97 米
**22.** 美国华盛顿国会大厦，高 87 米
**23.** 法国兰斯大教堂，高 81 米 **24.** 法
国巴黎先贤祠，高 79 米 25. 德国慕尼
黑德亚底安教堂（Theatine Church），
高 78 米 **26.** 印度泰姬玛哈陵，高 70
米 **27.** 巴黎圣母院，高 66 米 **28.** 伦敦
纪念碑，高 61 米 **29.** 土耳其伊斯坦布
尔圣索菲亚大教堂，高 58 米 **30.** 意大
利比萨斜塔，高 55 米 **31.** 奈良东大寺
大佛殿，高 52 米 **32.** 日本名古屋城天
守阁，高 49 米 **33.** 罗马竞技场，高 49
米 **34.** 法国尼姆古罗马水道桥，高 47
米 **35.** 意大利罗马万神殿，高 47 米。

**36.** 巴黎凯旋门，高 46 米 **37.** 纽约自
由女神像，高 46 米 **38.** 东京大学天
线塔，高 45 米 **39.** 意大利罗马图拉真柱
（Trajan's Column），高 44 米 **40.** 日本
奈良法隆寺五重塔，高 33 米 **41.** 东京
海上保险大楼，高 30 米 **42.** 希腊雅典
帕德嫩神庙，高 22 米 **43.** 美国爱克隆
号飞艇，长 239 米 **44.** 英国玛丽皇后
号轮船，长 314 米 **45.** 德国不莱梅号
轮船，长 284 米 **46.** 英国胡德号战舰，
长 261 米 **47.** 埃及吉萨胡夫法老金字
塔，高 137 米 **48.** 埃及吉萨卡夫拉法
老金字塔，高 126 米

♐ Sagittarius

**黄道十二星座●人马座**

# 柱式 order

希腊、罗马建筑中规定柱子和横梁关系的标准。柱式对各形式、装饰、相互位置和比例等都有具体规定。希腊有多立克式（Doric）、爱奥尼式（Ionic）、科林斯式（Corinthian）等三种柱式，都具有简洁、优美、豪奢的特征。融合爱奥尼式和科林斯式的混合式（Composite）柱式见于罗马建筑。

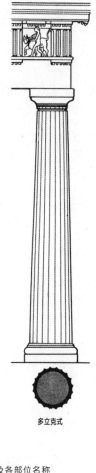

多立克式

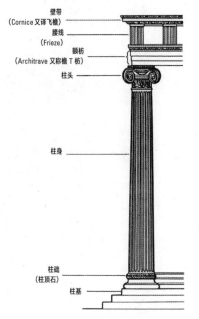

壁带
（Cornice 又译飞檐）
腰线
（Frieze）
额枋
（Architrave 又称楣 T 枋）
柱头

柱身

柱础
（柱顶石）
柱基

柱式的结构及各部位名称

爱奥尼式　　　　科林斯式　　　　塔司干式
　　　　　　　　　　　　　　（Tuscan 又译托斯卡式）　　　混合式

**古代建筑柱式种类**

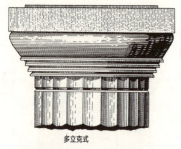
多立克式

爱奥尼式

拜占庭建筑

罗马建筑

柱头及欧洲建筑柱头装饰样式的变迁

# 柱头 capital

柱子的上部顶端。从古埃及、迈锡尼等
古代建筑到现代建筑，都能看到各种样
式的柱头装饰。古希腊柱式有了独特的
发展，出现多立克式、爱奥尼式、科林斯
式等三种独特柱头。

科林斯式　　　　　　　　混合式

哥特式建筑

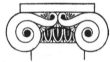

**上、左页下 / 爱奥尼式**
柱头的变化

莨苕(acanthus) ⇨ 又称虾蟆花等。原产南欧、北非、西亚等地，成草高 50-100 厘米，是老鼠簕属的宿根草。莨苕叶子纹样被希腊建筑作为建筑装饰使用，特别多用于科林斯式柱头，至今还被作为建筑装饰纹样使用。

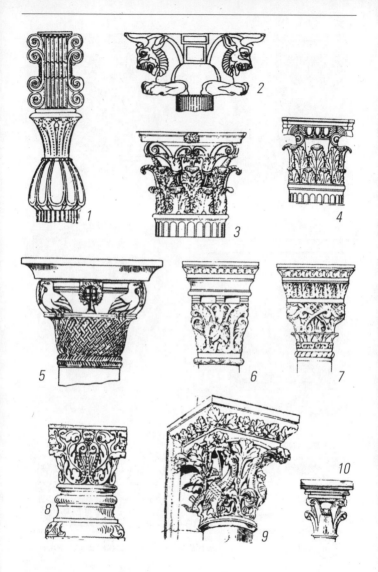

各时代的柱头▷

1.2. 西亚建筑柱头 3.4. 早期基督教建
筑柱头 5. 拜占庭建筑柱头 6.7.8. 意
大利古罗马建筑柱头 9. 法国哥特

式建筑柱头 10. 英国哥特式建筑柱
头 11. 意大利哥特式建筑柱头 12. 图
13. 意大利文艺复兴时期建筑柱头
14. 法国哥特式建筑柱头 15. 德国哥

*11—15.* 特式建筑柱头 *16.17.* 伊斯兰建筑柱头
*18.19.* 印度建筑柱头

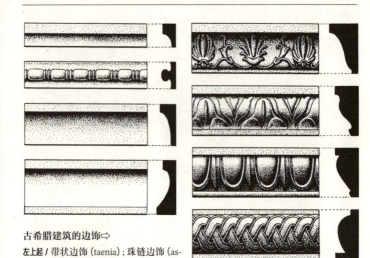

**古希腊建筑的边饰⇨**

**左上起/**带状边饰 (taenia)；珠链边饰 (astragalos)；¼圆凹边饰；凹形边饰 (scotia)。

**右上起/**浮雕波状边饰 (cymatium)；阴刻波状边饰；卵形边饰；圆环边饰 (torus)

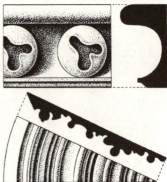

哥特式建筑的边饰

# 边饰 moulding

建筑和家具的装饰之一。把材料刻画成连续几何或蔓藤草装饰纹样。一般用石材或木材制作。

## 壁龛 niche

西洋建筑装饰之一。一部分壁面建成凹陷的壁龛状装饰。壁龛平面多为矩形或半圆形，立面上方多为方形或半圆形。壁龛内壁装饰各种雕刻、绘画、马赛克画等，还有摆设雕像和花瓶等的。

壁龛

梵蒂冈的拉斐尔作人像柱
**左**／象征大海 **右**／象征和平

古埃及纹饰

**左 / 纸沙草纹饰,上 / 睡莲纹饰**

拥抱太阳的圣甲虫(scarab)壁画 上图是粪金龟(古埃及称之为圣甲虫)

**古埃及的工匠们**⇨ 左起展现的是建筑小神殿、砍伐木材、雕琢木材、装饰神殿等情形。选自底比斯近郊的贵族坟墓壁画。

**古埃及建筑的柱式**⇨

左／阿布希尔第 5 王朝的棕的榈叶纹饰柱头圆柱 中／卢克索（或译乐属）第 18 王朝的纸沙草束形圆柱 右／卡纳克第 19 王朝的钟形柱头圆柱

下右／荷花纹饰柱头六角柱

下左／棕榈叶纹饰柱头圆柱

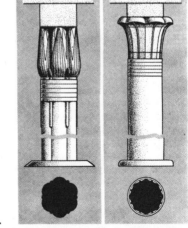

# 金字塔

古代埃及的石造法老陵墓。金字塔为底面正方形的四角锥形，各侧面正向东南西北。地下设有安置法老和王妃棺椁的墓室，墓室上堆砌石料，表面用石灰岩或花岗岩石块覆盖。北侧设有通往墓室的墓道。金字塔由阶梯形 (mastaba) 金字塔发展而成，位于萨卡拉的阶梯形金字塔即为六层堆砌形式，一般认为这是最古老的金字塔。从第 3 王朝 (公元前 2800 年前后) 到第 17 王朝 (公元前 1600 年前后) 兴建的金字塔和相隔遥远的后世在苏丹兴建的金字塔共计有 60 余座。吉萨的三大金字塔最为著名。此外，墨西哥的玛雅文明也有基于太阳崇拜的金字塔建筑。

**阿努比斯 (Anubis)** ▷ 长相如胡狼 (jackal) 的陵墓守护神。传说阿努比斯最早制作木乃伊，所以被尊奉为制作木乃伊之神。

**吉萨 (Giza)** ▷ 位于埃及东北部，尼罗河西岸，距开罗西南 5 公里的古都。其西部 8 公里处有埃及古代古夫王、卡夫拉王、门考拉王等法老金字塔和狮身人面像等古迹，是著名观光胜地。

阿努比斯

# 狮身人面神 Sphinx

人首、狮身，背长翅膀的怪兽。又称史芬克斯。在埃及和亚述等古代王国，狮身人面神作为王权和神权的象征，被摆设在神殿、王宫等的门前或陵墓的入口处。吉萨的狮身人面像规模最大，全长约 73 米，高约 20 米。

希腊神话有史芬克斯给奥狄浦斯 (Oidipus) 出了一个谜语说"什么动物早上有四条腿，中午有两条腿，晚上有三条腿？"

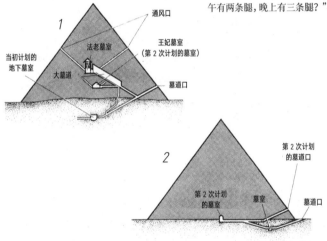

**1**
通风口
法老墓室
王妃墓室（第 2 次计划的墓室）
当初计划的地下墓室
大墓道
墓道口

**2**
第 2 次计划的墓室
第 2 次计划的墓道口
墓室
墓道口

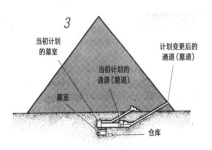

**3**
当初计划的墓室
计划变更后的通道（墓道）
当初计划的通道（墓道）
墓室
仓库

**吉萨三大金字塔构造断面图** ⇨ **1.** 金字塔（古夫王）、**2.** 金字塔（卡夫拉王）。**3.** 金字塔（门考拉王）。断面图右为北。

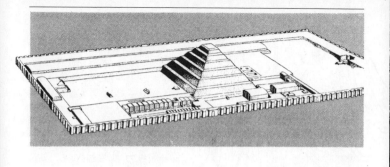

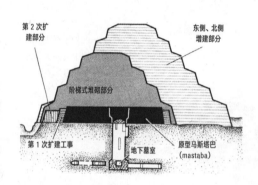

上 / 阶梯式金字塔群复原图。墓园围墙长544.9米，宽277.6米，内设祭奠堂、供养堂等附属建筑。左 / 阶梯式金字塔结构示意图。可看出从原型马斯塔巴石墓到阶梯形金字塔建筑的演变过程。

第2次扩建部分

东侧、北侧增建部分

阶梯式堆砌部分

第1次扩建工事

地下墓室

原型马斯塔巴(mastaba)

**萨卡拉 (Saqqara)** ⇨ 位于埃及首都开罗南25公里，尼罗河西岸，能俯瞰古代埃及都城孟菲斯的台地上，分布多处平顶石墓和阶梯金字塔。

阿蒙神

**阿蒙神 (Amon)** ⇨ 亦称阿蒙拉。古埃及主神。中王国时期随着底比斯的隆盛从诸神中脱颖而出，与古太阳神"拉(Ra)"合体成阿蒙拉神，成为备受崇拜的众神之王。在新王国，阿蒙神殿与祭祀团被称作"法皇厅"，拥有莫大的权力，曾成功抵制阿蒙霍特普4世的反抗。位于卡尔奈克的阿蒙神殿遗迹广为人知。

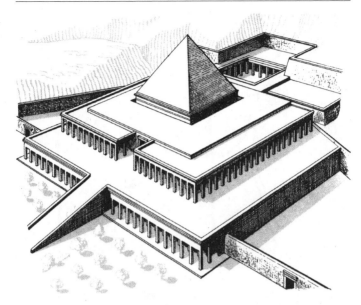

**埃及帝王陵墓**⇨位于戴尔巴哈里 (Deir el-Bahri) 的
孟图霍特普 2 世 (Mentuhotep II) 葬祭庙 (mortuary
temple) 复原图。第 11 王朝。

伊西斯　　　　孔斯

**伊西斯 (Isis)** ⇨ 最受崇拜的女神。
冥王欧西里斯 (Osiris) 之妹，同时也
是其妻，荷鲁斯 (Horus) 之母。她复
活了欧西里斯，养育了孤儿荷鲁
斯，令其为父报仇。她是一位起
源于尼罗河三角洲地区的神祇，
象征着富饶的尼罗河流域大地。
伊西斯亦被后世古代广泛信仰。

**孔 斯 (Khonsu)** ⇨ 月
神。阿蒙拉与姆特之
子，与父母共为底比
斯三柱神。

哈托尔

玛特

**哈托尔 (Hathor)** ⇨ 女神,荷鲁斯之母,时而或为其妻。孕育出世界的天界牡牛,也是爱与欢喜的女神,在古埃及受崇拜成度仅次于伊西斯。在希腊神话中与阿佛洛狄忒 (Aphrodite) 被视为同一人。常被用人身牡牛头形象表现。

**玛特 (Maat)** ⇨ 真理和正义的女神。以头顶鸵鸟羽毛 (象征真理)的女性形象出现。在欧西里斯的仲裁法庭占有一席。

**姆特 (Mut)** ⇨
埃及神话中的女神,阿蒙神的妻子,与丈夫阿蒙神、儿子孔斯共为底比斯三柱神。

**塞克荷迈特 (Sekhmet)** ⇨
女神。创造神卜塔 (Ptah)之妻。长着一副母狮头,是一位体现太阳神"拉"愤怒的女瘟神,同时也被看做是医生的守护神。

姆特                塞克荷迈特

克奴姆 　　　　　　奈夫图 　　　　　　荷鲁斯

**克奴姆 (Khnum)** ▷ 以公羊形象出现的神。尼罗河上游埃利潘蒂尼岛 (Elephantine) 崇拜之神,后为尼罗河源头守护神,万物创造神。

**奈夫图 (Nefertem)** ▷ 卜塔 (Ptah) 之子。与父卜塔、母塞克荷迈特共为孟菲斯三柱神。在古希腊被视同普罗米修斯。

**荷鲁斯 (Horus)** ▷ 古代埃及主神。亦为天神、鹰神。欧西里斯与伊西斯之子。杀死赛特 (Seth),为父报仇后登上王位。本来似为尼罗河三角洲的神,后因其信奉者统治了全埃及,遂成为全埃及的神,法老必有荷鲁斯之名。伊西斯怀抱的幼小时的荷鲁斯被称作"Har-pa-khered",意思是"幼童荷鲁斯"。

**奈芙蒂斯 (Nephthys)** ▷ 在埃及神话中是死者的守护神,同时也是生育之神。她是九柱神之一。"奈芙蒂斯"也是对一个家庭中最年长妇女的称呼。她可能曾经是巴特 (Bat) 或奈斯 (Neith) 的变形。

奈芙蒂斯

# 马斯塔巴 Mastaba

卡纳克神庙鸟瞰图

埃及早期王朝时代王公贵族的陵墓。因为陵墓顶部水平面像埃及接待宾客用的长椅"mastaba",故名。顶部平面为长方形。砖石建造,死者埋葬在其地下墓室。

马斯塔巴(平顶石墓)⇨上/第 3 王朝时代的平顶石墓剖面图。估计为左塞尔(Zoser)王之墓。斜道可达墓室。下/第 4 王朝时代马斯塔巴的外观。前方两座是竖井结构示意图。

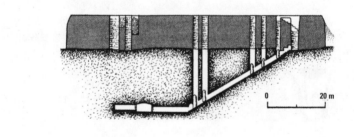

```
0          20 m
```

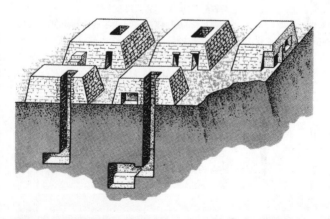

建筑●遗迹

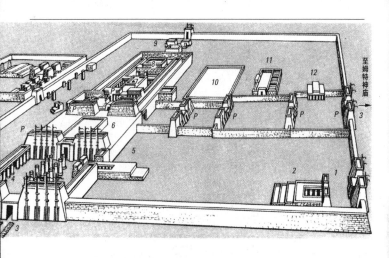

1. 托勒密 3 世 (Ptolemy Ⅲ Euergetes) 之门 2. 孔斯神庙 3. 狮身人面神大道 4. 阿蒙神庙,竖立塔哈尔卡大圆柱的大中庭 5. 拉美西斯 3 世 (Ramesses Ⅲ) 神庙 6. 拉美西斯 2 世列柱大厅 7. 第 18 王朝时代建筑群 8. 图特摩斯 3 世 (Thutmose Ⅲ) 建筑 9. 拉美西斯 2 世建筑 10. 圣湖 11. 供物仓库 12. 阿蒙霍特普 2 世 (Amenhotep Ⅱ) 神庙

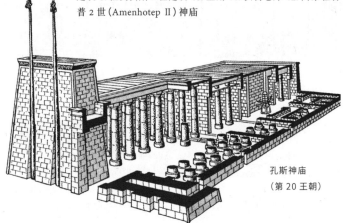

孔斯神庙
(第 20 王朝)

**卡纳克 (Karnak) 神庙** ⇨ 位于埃及古都底比斯卡纳克的神庙。古代埃及中王国第 12 王朝阿盟埃姆哈特 1 世创建,以历代扩建的阿蒙神庙为中心,神域面积长达 1400 米,宽达 560 米。神庙两侧有狮身人面像大道、巨型圆柱林立的大厅以及其他王兴建的神庙等,充分显示出卡纳克是古代埃及最繁荣时期的祭祀和政治中心。

上／位于乌鲁克(Uruk)的金字神塔
下／位于巴比伦的金字神塔

# 金字神塔 ZIggurat

建筑在美索不达米亚和埃兰(Elam)古代都市的方形阶梯型塔。为神而建的神塔，塔顶建有神庙。美索不达米亚地区有 20 余座，《旧约圣经》的创世纪中把巴比伦的神塔称之为巴别塔(或译通天塔)。

乌尔(Ur) ⇨ 位于幼发拉底河左岸下游，是古代巴比伦尼亚城邦首都遗迹。乌尔曾经在公元前 4000 年早期出现过彩陶制作技术的原始文明，后因洪水被毁，约 500 年后重新兴起，建成城邦国家。从第 1 王朝(公元前 2500 年前后至前 2400 年)时期的王墓发掘出大量殉葬者。第 3 王朝(公元前 2050 年至前 1950 年)时期再度统一巴比伦，融合了苏美尔和阿卡德两个民族及其文化，奠定了后来汉谟拉比(Hammurabi)巴比伦尼亚统一帝国的基础。

乌鲁克 (Uruk) ⇨ 伊拉克南部古代巴比伦尼亚帝国重要的城邦遗址。遗址发现了深达 8 层的神庙，从上数第 2 层的神庙就是有名的白神殿。从这一时代起，出现了有城墙的城市，神庙和神塔也开始兴建。

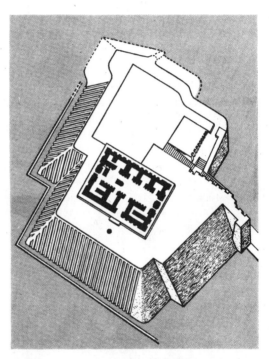

乌鲁克的金字神塔白神殿复原图
**上** / 平面图 **下** / 侧视图

建筑 ● 遗迹

# 印度河文明

公元前 3000 年至前 1500 年前后，繁荣于印度河流域的古代都市文明。代表性遗址是哈拉帕 (Harappa) 和摩亨佐 - 达罗等。都市均按宏伟的城市规划建设，外周建有城墙，道路附设排水设施，道路两侧是砖瓦结构的房屋等，还设有公共浴场、市场、仓库等。据考证使用统一的度量衡，具有高度安定繁荣的市民社会。印度河文明是以小麦和大麦等农产物为中心的农耕及牛、水牛、羊等的畜牧为基础的都市文明，擅长制作土器，使用铜、青铜等金属利器。关于人种有各种说法，一般认为是达罗毗荼人 (Dravidian)。与东方文明具有共同的文明要素，但没有具备宗教权威的王权，基本属于一种市民社会。公元前 2000 年前后因为印度河洪水泛滥被冲毁，再加上雅利安人的入侵，完全被消灭。

## 摩亨佐 - 达罗 Mohenjo-daro

与哈拉帕并列为印度河流域文明的代表性遗迹。位于巴基斯坦信德省。1922 年发现，英国考古学家马歇尔 (Marshall) 等进行了大规模发掘调查。经发掘调查，此遗迹除被河川泛滥冲毁的边缘部以外，面积大致有 1.6 平方公里，城内有贯通东南西北的大道，还有下水道，出土了整齐的城市规划遗迹。住宅多为砖瓦建造，大多设有浴室和水井。其他还有大型浴场和集会所等公共建筑。遗迹出土了大量瓦器和彩绘土器、铜器、青铜器、金属装饰、人物和动物泥塑等，另外还出土大量方形印章。印章上的文字迄今未能解读。

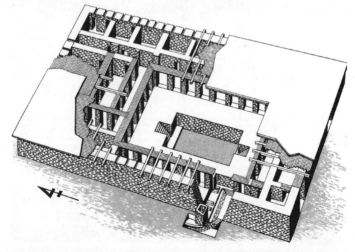

# 哈拉帕 Harappa

位于巴基斯坦东部的旁遮普省，邻近印度河支流的拉维河，与下游的摩亨佐-达罗并为印度河流域都市文明遗迹。存在于雅利安人侵入以前的公元前 2500 年至前 1500 年前后。通过 1920 年开始的发掘调查，发现了城门、住居、磨面坊、仓库等建筑遗迹以及两座墓地。出土了大量彩绘土器、铜器、青铜器、石器、印章等。哈拉帕文明的发现，成为发现印度河流域文明的突破口。

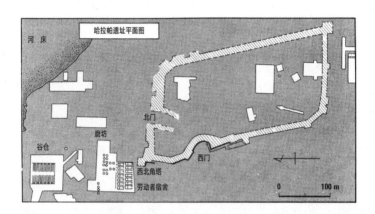

哈拉帕遗址平面图

河床

北门

磨坊

谷仓

西北角塔

劳动者宿舍

西门

0    100 m

**左页下 /** 摩亨佐 - 达罗遗迹大浴场复原图。中央的大浴池南北各有台阶。浴池为砖砌，石膏接缝，浴池内贴砖外层涂有防止漏水的沥青。

**哈拉帕遗址**⇨**上 /** 哈拉帕遗址平面图。**下 /** 位于遗址西北角的谷仓复原图。此类谷仓分两列，共有 6 栋。下方墙上的三角孔为通风孔。

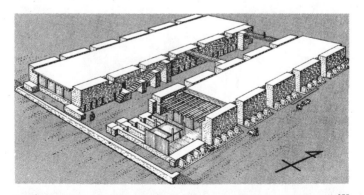

# 美索不达米亚 Mesopotamia

美索不达米亚是西亚底格里斯河和幼发拉底河中下游地区的总称。方位大致在今日的伊拉克中心部。本为希腊语"两河之间的土地"之意,位于美丽富饶的三日月地带东端,属于世界最古的文明发祥地。公元前 3000 年前后出现高度城市文明,随着苏美人的加入,从公元前 2000 年前后开始,创造出了巴比伦尼亚和亚述文明(亦称美索不达米亚文明)。今天仍是重要的谷仓地带。

**右页上 / 巴比伦尼布甲尼撒(Nebuchadnezzar)时代的城市复原图**⇨ 前方的幼发拉底河上架有大桥,城墙内有神圣之地伊萨基拉(Esagila,又译玛杜克神寺)。右侧是马杜克神寺,左侧耸立着金字神塔。玛杜克神寺的后方左右方向的道路是游行大道,左至伊什塔尔城门(Ishtar Gate)。与游行大道直对,通向后方的是马杜克大道。**右页下 /** 豪尔萨巴德(Khorsabad)的萨尔贡 2 世宫殿正门正面复原图。左右两侧有人面兽身石像。

**巴比伦尼亚**⇨ 指以巴比伦为中心的地区。本来指的是南部美索不达米亚或者包括亚述人在内的美索不达米亚全体。文化是苏美人开创,民族、语言为闪米特语族的阿卡德人创造。自乌尔第 3 王朝灭亡(公元前 2000年前后)起到汉穆拉比王朝时代(公元前 18 到前 17 世纪)止被称作古巴比伦尼亚。

**亚述(Assyria)**⇨ 是以亚述市为中心的美索不达米亚北部地方的称呼。公元前 2000 年前后开始兴盛,经过几次盛衰起伏,公元前 7 世纪初,统一了包括埃及在内的全东方世界。首都尼尼微的王宫集全东方世界的美术工艺之精髓而建,图书馆也集中了全东方世界的文明。公元前 612 年,因内部各地的叛乱和北方民族的侵略而灭亡。不论从哪个角度看,都堪称"东方的罗马"。

**下 /** 尼尼微(Nineveh)出土的浮雕。雕刻的是国王亚述巴尼拔(Ashurbanipal)刺杀狮子的场景。

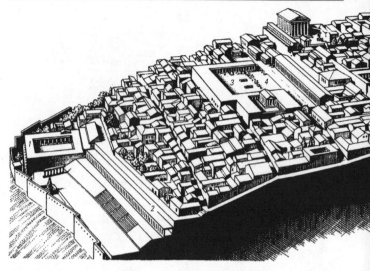

上 / 普里埃内中心地区复原模型⇨

1. 竞技场 (Gymnasium) 2. 跑道 3. 中心广场 (agora)
4. 宙斯神庙 5. 雅典娜神庙 6. 剧场

建筑●遗迹

## 普里埃内 Priene

位于小亚细亚西岸南部，古代爱奥尼亚地区的希腊殖民城市。属于爱奥尼亚12城之一，希腊七贤之一毕亚斯 (Bias) 的出生地。从遗址可以看出普里埃内是古代城市中设施最为完善的城市。爱奥尼亚地区因为爱奥尼亚人迁居，先后建成米利都 (Miletus)、艾菲斯等城市，公元前7世纪以后，还在海外建设了许多殖民城市。

## 帕加马 Pergamon

小亚细亚西岸希腊化时代的古代城邦。公元前3世纪作为从波斯独立出来的阿塔罗斯王国的首都繁荣，成为希腊化时代文化中心之一。有仅次于埃及亚历山大图书馆的图书馆和大理石祭坛等。

**左页下 / 帕加马雅典卫城中心部复原图** ⇨ 前方左是宙斯祭坛，中间的建筑是雅典娜神庙，远景中央的建筑是图拉真神庙，沿着雅典娜神庙下方山崖，建有剧场。

古代希腊长袍
一般穿在麻质内衣外边

**中心广场 (agora)** ⇨ 古代希腊城邦国家中心的广场和市场。是市民经济和日常生活的中心。广场四周有列柱门廊，门廊下有政府厅舍、公共建筑、商业店铺等。市民在此集会，议论政治和学术等。相当于古罗马的公共广场 (furom)。

**右 / 奥林匹亚城复原图**（公元前 3 世纪前后）⇨ **1**. 竞技场 **2**. 市政厅（Prytaneion）**3**. 格斗场（Paraestra）**4**. 飞利浦圆形神庙（Philippeion）**5**. 赫拉神庙 **6**. 珀罗普斯陵（Pelopion）**7**. 宙斯神庙 **8**. 宝库 **9**. 田径场 **10**. 尼刻女神像 **11**. 议事厅（Bouleuterion）**12**. 选手村（Leonidaion）**13**. 祭司住房（Theokoleon）

宝库后方为克罗诺斯山（Mount Kronos）

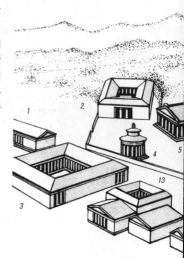

希腊艾伊娜岛（Aegina）爱菲亚神庙
（公元前 5 世纪的多立克式建筑）

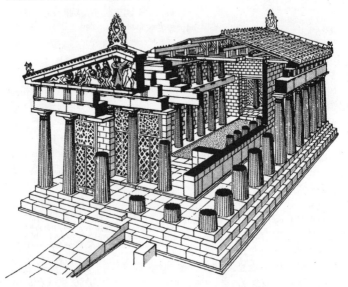

建筑●遗迹

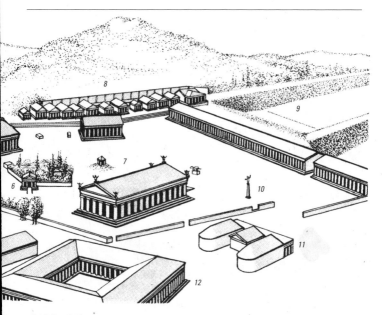

# 奥林匹克

奥林匹克是位于希腊埃利斯（Elis 又译厄利斯等）地区南部的一个宙斯崇拜的中心地区。作为古代奥林匹克运动会举办地享有盛名。有多处献给宙斯神的建筑和雕刻等美术品。1875 年至 81 年当时的德国政府考古队通过发掘调查，揭开了古代奥林匹克的全貌。其中最古的建筑是雄狮。宙斯神庙由当地建筑师李班（Libon）设计建造于公元前 470 年至前 460 年，以山形墙雕塑等著名。据传庙内安置有菲迪亚斯（Pheidias）以黄金和象牙雕刻制作的宙斯像。

古代希腊的
长跑选手

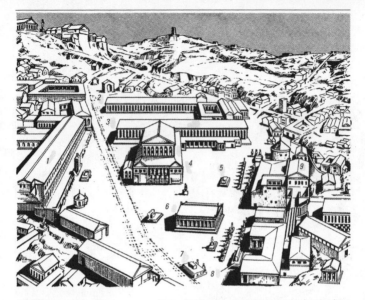

# 卫城 Acropolis

古代希腊城市中心的一个高丘，意为高丘(Acro)上的城市(polis)。卫城中有市民生活区和城市保护神的神庙，是城邦宗教、政治的中心。紧急情况下，还可作为要塞。除雅典卫城外，阿戈斯卫城、科林斯卫城、底比斯卫城等也很有名。雅典卫城是一座高约150米，东西长约300米，南北宽约150米的石灰岩高丘。高丘上很早就建有城墙和雅典娜神庙，但这些建筑在与波斯国的战争中被全部破坏。后泰米斯托克利(Themistokles)将军和客蒙(Cimon)将军先后修建城墙，而且自伯利克里时代(Pericles)起到公元前5世纪末，以雕刻师、建筑家菲狄亚斯(Phidias)和伊克提诺斯(Ictinus)为中心，完全回复了卫城。雅典卫城集中了帕特农神庙、伊瑞克提翁神庙(Erechtheion)、雅典娜胜利女神庙(Temple of Athena Nike)等希腊建筑的精华。卫城南麓现存剧场和神庙遗迹，是希腊最有价值的古代遗迹。

# 帕特农神庙 Parthenon Temple

又译帕德嫩。坐落在雅典卫城中心高丘上，供奉古代希腊女神雅典娜的神庙。由伊克提诺斯和卡里克利特(Callicrates)设计的神庙于公元前447年动工兴建，前432年竣工。基础宽约31米，长约69米。采用多立克式圆柱，被看做是希腊古典建筑的典型。内部装饰的雕塑群由菲狄亚斯指导完成，被誉为希腊古典雕刻的精华。据传内殿安置有菲狄亚斯亲自雕刻的雅典娜女神像。1687年在土耳其与威尼斯的交战中被破坏，现在正在修复。

左页上 / 公元 200 年前后的古代希腊中心广场复原图⇨

广场周围有 **1.** 阿塔罗斯柱廊、**2.** 南侧柱廊、**3.** 中央柱廊等柱廊建筑，还集中有 **4.** 音乐堂(odeion)、**9.** 议事堂等主要建筑。**5.** 祭坛、**6.** 阿瑞斯神庙、**7.** 十二神祭坛、**8.** 祭坛。有大道连接广场和左上的卫城。

下 / 雅典卫城⇨

**1.** 雅典娜尼刻神庙(The Temple of Athena Nike) **2.** 阿格里帕(Agrippa) 将军纪念碑 **3.** 绘画收藏馆 **4.** 楼门 **5.** 阿耳忒弥斯神庙(The Sanctuary of Artemis) **6.** 青铜器室 **7.** 卫城入口(propylon 前门) **8.** 帕特农神庙 **9.** 罗马与奥古斯都神庙 **10.** 潘狄翁圣庙 **11.** 宙斯神庙 **12.** 雅典娜祭坛 **13.** 旧雅典娜神庙遗迹 **14.** 伊瑞克提翁神庙 **15.** 潘多罗索(Pandrosus) 祠堂、橄榄圣树、凯克洛普斯(Cecrops)王祠堂 **16.** 侍女馆 **17.** 雅典娜神像(菲迪亚斯作) **18.** 住居或仓库

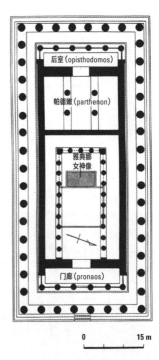

后室 (opisthodomos)

帕德嫩 (parthenon)

雅典娜女神像

门廊 (pronaos)

0        15 m

上 / 帕特农神庙平面图

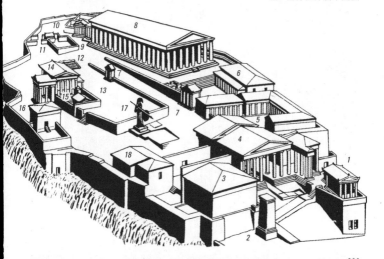

下 / 塞利努斯 (Selinus) 城市平面图⇨
古代希腊和罗马时代的城市中，有许
多是自然形成的无秩序的，但新建或
重建城市的时候，都以塞利努斯为
例，道路都是东西向、南北向，像棋
盘一样整齐交叉，井然有序。城市中
央东侧有广场，广场周围有祭坛、神
庙等建筑。广场为城市的核心。

右页下 / 迈锡尼遗址圆形墓园复
原图。中央偏上是狮子门。

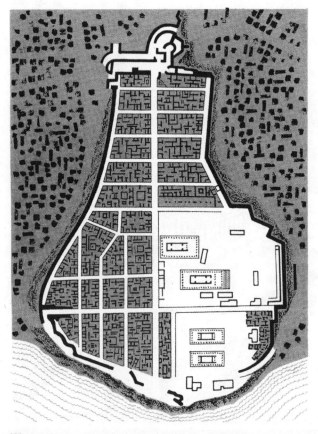

# 迈锡尼城 Mycenae

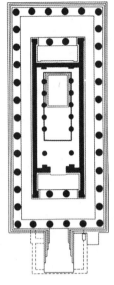

奥林匹亚的宙斯神庙

位于希腊伯罗奔尼撒 (Peloponnesos) 半岛，背靠山峦，俯瞰阿尔格斯 (Argos) 平原的险要之地，是迈锡尼文明的中心地区。迈锡尼文明是爱琴文明后期的青铜器文明，为公元前 2000 年前后南下的希腊人在吸收克里特文明后创造而成。迈锡尼人在公元前 1500 年前后征服了克里特人，掌握了东地中海的海上贸易，成为爱琴海地区最大势力。迈锡尼的卫城由巨石建成的城墙保护，其正门被称为狮子门。虽然阿伽门农王 (Agamemnon)、阿特柔斯王 (Atreus) 等的传说早已有之，但直到 1876 年德国考古学家海因里希·施里曼 (Heinrich Schliemann) 发现竖穴墓葬，出土黄金假面、装饰品、宝剑等后，传说才成了真实。迈锡尼文明最繁盛时期是公元前 1600 年至前 1100 年前后，后因多利安人 (Dorians) 的侵略而灭亡。

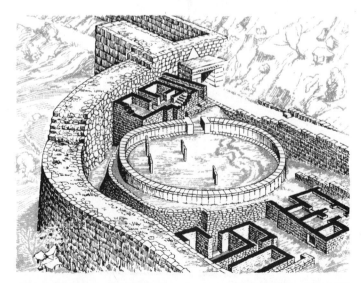

# 摩索拉斯王陵墓
# Tomb of Mausolus

位于古希腊城邦哈利卡纳苏斯 (Halicarnassus)，今土耳其博德鲁姆 (Bodrum) 境内的波斯帝国在当地的总督摩索拉斯的陵墓，号称古代世界七大奇迹之一。陵墓在摩索拉斯临死的公元前353年开建，死后由王妃阿尔特米西亚 (Artemisia) 及其王族们建成。基座上整齐排列立柱，立柱上有金字塔形屋顶，美观大方。四周装饰有希腊人和亚马逊人战争的雕刻。今日英语陵墓一词 Mausolus 即来自于此。

摩索拉斯王陵墓复原图
基座约33米×39米，立柱共有36根

# 卡拉卡拉浴场
# Baths of Caracalla

3世纪前期罗马皇帝卡拉卡拉在罗马市内兴建的公共浴场。位于罗马广场的南边。能一次容纳1600人同时入浴。在长220米，宽114米的中央浴池群周围还设有庭院、游戏设施、图书馆等。整个浴场用马赛克和大理石豪华装饰，是罗马市民的娱乐中心。卡拉卡拉皇帝在212年远征东方时被暗杀。

**右页上／卡拉卡拉浴场平面图⇨**
**1. 冷水浴池 2. 等候室 3. 脱衣间 4. 入口大厅 5. 列柱式中庭 6. 热浴池 7. 蒸气浴室 8. 等候室 9. 温水浴池 10. 讲演室及图书室 右页下／卡拉卡拉浴场冷水浴池复原图**

建筑●遗迹

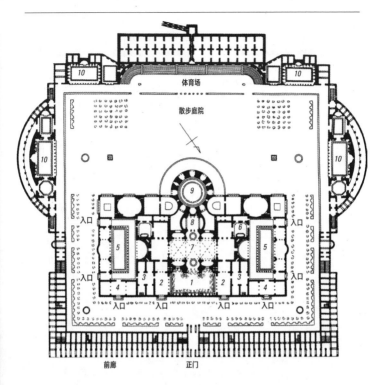

体育场

散步庭院

9

8

6

5

5

7

3

2

1

2

3

4

4

入口　入口　入口　入口

入口

入口

入口　入口　入口　入口

前廊　　　　　正门

## 巴西利卡 Basilica

古代罗马用于法庭审判和商业交易等公共集会的公共建筑。长方形平面建筑，内部分中殿（central nave）和两边的侧廊（aisle），中殿后部设有半圆形后殿（apse）。早期基督教时代以这种平面结构建造的教堂即为巴西利卡式教堂，后成为教堂建筑的基本样式之一。

## 罗马广场 Roman Forum

在意大利罗马的卡比托利欧山（Collis Capitolinus）和帕拉蒂尼山等四个高台拱卫的平地上设置的广场（forum）。广场周围有灶神庙（Temple of Vesta）、朱庇特神庙（Temple of Jupiter Optimus Maximus）等各种公共建筑。公元前 8 至前 7 世纪被用作市场，公元前 3 世纪前后起作为公民会场，成为政治和宗教的中心。后随着巴西利卡的出现而逐渐失色。

**右页上 / 罗马广场⇨** 1. 灶神庙 2. 尤里乌斯凯撒神庙 3. 罗马广场 4. 凯撒广场 5. 图拉真广场 6. 奥古斯都广场 7. 涅尔瓦广场 8. 维斯帕先广场

**广场（Forum）**⇨ 罗马时期城市中心的广场。广场周围有柱廊、巴西利卡、神庙、商店等，发挥了政治、经济中心的作用。

君士坦丁巴西利卡

建筑●遗迹

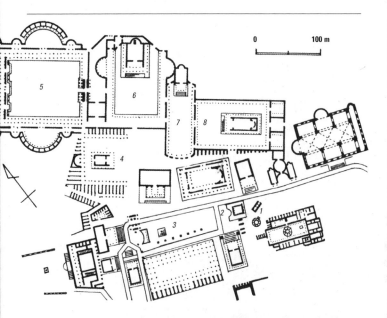

下 / 从东边眺望的广场复原图。左下圆形建筑为灶神庙，后方有柱廊的是罗马广场。左上方的建筑是朱庇特神庙。

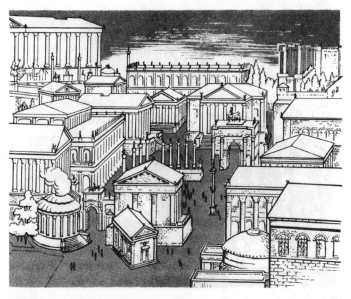

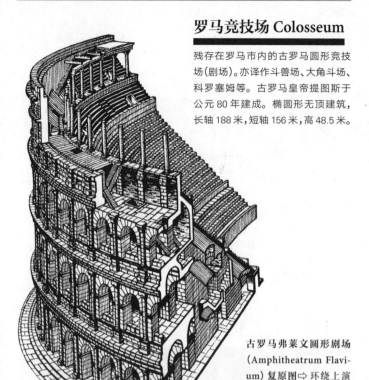

# 罗马竞技场 Colosseum

残存在罗马市内的古罗马圆形竞技场(剧场)。亦译作斗兽场、大角斗场、科罗塞姆等。古罗马皇帝提图斯于公元 80 年建成。椭圆形无顶建筑,长轴 188 米,短轴 156 米,高 48.5 米。

古罗马弗莱文圆形剧场 (Amphitheatrum Flavium)复原图➪ 环绕上演剑术格斗和人兽格斗的斗兽场,有阶梯型观众席,可容纳 4 至 5 万人。下 / 斗剑士(gladiator)。

QVI BVS PVG NANTIBVS SIMMA CHVS FERRVM
MA TERNVS HA BILIS MISIT

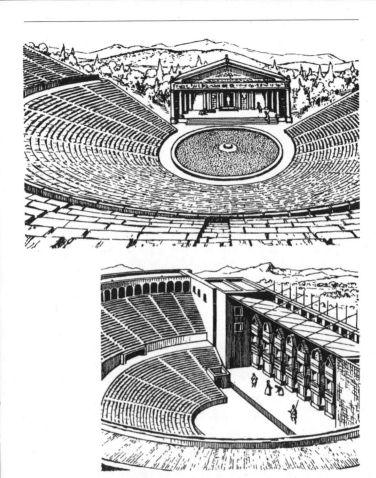

上 / 古希腊的埃皮达鲁斯圆形剧场
下 / 小亚细亚（今土耳其）阿斯班多斯的古罗马剧场

## 圆形剧场

由舞台和观众席构成的建筑。古代希腊的野外剧场最早，以圆形表演场 (orchestra) 和背景 (skene) 等组成舞台，其他三面有阶梯状石观众席 (teatro，为 theatre 的词源)。

# 庞贝 Pompeii

位于意大利南部维苏威火山南麓，拿波里湾的一处
古代城市遗迹。公元前 6 世纪是腓尼基人的一个集
落，后被罗马人统治，成为罗马人的别墅地。但在
公元 79 年的火山爆发中与赫库兰尼姆一起被埋没。
1860 年前后经过大规模发掘，发掘出了石铺道路、
神庙、大小两座圆形剧场、民家、商店、匠人作坊等。
还发现了大量壁画、马赛克、家具、陶器等，是了解
古代美术工艺和市民生活的贵重资料。

**右页上／庞贝遗迹地图⇨** *1.* 密仪之家 *2.* 戴欧米德斯之家 *3.* 外科医生之家 *4.* 富豪维
提之家(Casa di Vetti) *5.* 潘萨将军之家 *6.* 悲剧诗人之家 *7.* 牧神之家 *8.* 公共浴场 *9.* 阿
波罗神庙 *10.* 朱庇特神庙 *11.* 中央广场 *12.* 市场 *13.* 欧玛奇亚建筑 *14.* 面包房 *15.* 中
央浴场 *16.* 史塔比亚路浴场 *17.* 维纳斯神庙 *18.* 巴西利卡 *19.* 三角广场 *20.* 大剧场
*21.* 小剧场 *22.* 角斗士宿舍 *23.* 基萨拉琴 (Cithara) 演奏者之家 *24.* 洗衣店 *25.* 酒馆
*26.* 梅德罗斯之家 *27.* 罗瑞·提不提诺之家 (Casa di Loreio Tibrutino) *28.* 维纳斯之
家 *29.* 茉莉娅·费丽嘉庄 *30.* 大体育场 *31.* 圆形角斗场

**下／庞贝遗迹出土的青铜制厨房用具⇨** *1.* 火架和锅 *2.10.19.21.* 煮
炊器具 *3.4.* 桶 *5.16.* 酒提子 *6.8.* 平底锅 *7.15.* 烘烤点心器具 *9.20.* 餐
桌用汤匙 *11.17.* 杓子 *12.* 水壶 *13.* 双耳锅 *14.* 点心模具 *18.* 烹调匙

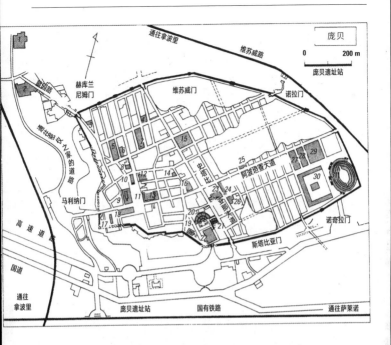

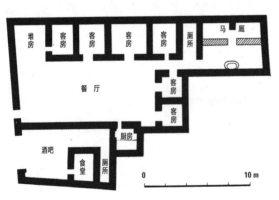

古罗马旅馆平面图
附设马厩，根据庞贝遗址发掘复原
公元 1 世纪

百柱厅内部复原图

**右下 / 波斯波利斯王宫平面图⇨ 1. 王宫石台入口台阶 2. 万国门（也叫"薛西斯门"或者"波斯门"）3. 阿帕达纳宫（或译谒见殿）4. 百柱厅 5. 大流士1世王宫 6. 议事殿 7. 后宫 8. 宝库 9. 薛西斯王宫 10. 北方要塞**

■ 现存部分
■ 复原部分

# 波斯波利斯王宫 Persepolis

波斯帝国古都。大流士1世定阿契美尼德王朝首都于此，并在公元前518年到前460年之间兴建大规模王宫。但在公元前330年被亚历山大大帝烧毁。位于伊朗南部色拉子（或译设拉子）东北约60公里的遗址，在宽大的石台上，有大流士1世和薛西斯王建造的各种宫殿遗迹，随处都能看到显示阿契美尼德王朝美术繁盛的浮雕。

建筑●遗迹

**大流士 1 世 (Darius I)** ➡

公元前 558 年？- 前 486 年。波斯帝国阿契美尼德王朝君主（前 522 年 - 前 486 年在位）。世称大流士大帝。虽出身皇族旁系，但却即王位。他平定了内乱，回复了波斯帝国统一，战功显赫。其征战记录被镌刻在贝希斯敦铭文中。大流士 1 世在位期间创设省区，任命各省总督 (Satrap)，确立了波斯帝国的中央集权制。他还完善了税制、币制、兵制等国家重要制度。他在位期间开始建造波斯波利斯王宫，完成了苏萨至萨尔迪斯之间的联络道。为了征服希腊，他发动远征，但以失败告终。

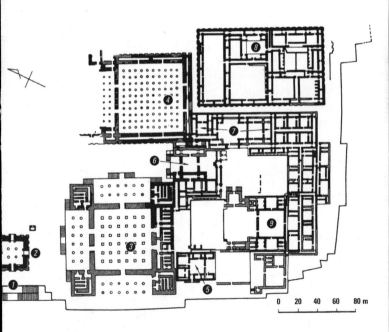

0　20　40　60　80 m

建筑●遗迹

# 玛雅

分布于墨西哥南部尤卡坦半岛 (Yu-catán Peninsula)、危地马拉、洪都拉斯等地的美洲印第安的一个种族。使用玛雅语。玛雅族来自何处，与分布在墨西哥及秘鲁一带的早期文明有何关系等迄今还不清楚。玛雅人最早以危地马拉高地为中心活动，公元 300 年到 800 年间，在从南墨西哥到危地马拉、洪都拉斯的热带雨林的低地陆续兴建了蒂卡尔 (Tikal)、科潘、特奥蒂瓦坎 (Teotihuacan) 等巨大城邦，发展了古代玛雅文明。代表玛雅文明的是围绕广场兴建的神庙群、太阳金字塔、根据独自的历法镌刻年代的石柱、使用象形文字、优美的彩陶器等。玛雅文明在公元 900 年前后急速衰退，神庙城市被陆续遗弃，活动中心仅限于北部的尤卡坦半岛。后受入侵者托尔特克 (Toltec) 影响，形成了以奇琴伊察 (Chichen Itza) 为首都的新帝国。之后尤卡坦半岛不断受到墨西哥人的侵入，以玛雅潘为都城的王朝在 15 世纪灭亡，玛雅的政治势力分散到地方，16 世纪随着西班牙人的入侵而完全消灭。

科潘中心部复原图▷
**A** 球场 **B** 象形文字台阶 **C** 神庙
上部的河是科潘河

下／**玛雅诸神**▷诞生女神、北星神、人祭神、死神、自杀神

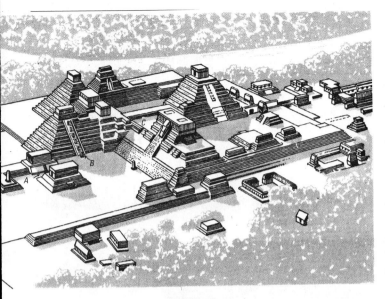

## 科潘遗迹 Copan

位于洪都拉斯四部的玛雅文明的城市遗迹。中心部由包括金字塔和神庙在内的"卫城"与五个广场组成。从周围的相关遗迹发现了大量玛雅文明首屈一指的优美人像雕刻以及大量象形文字、刻有严谨历法的石碑群等。

阿兹特克文明（Azteca）
的绘画文字

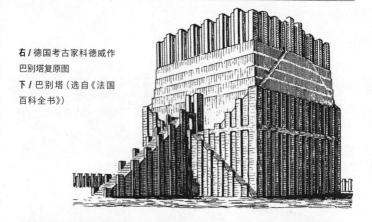

右／德国考古家科德威作
巴别塔复原图
下／巴别塔（选自《法国
百科全书》）

# 巴别塔 Tower of Babel

又译巴比伦塔、通天塔等。旧约圣
经创世纪第 11 章里出现的巨塔。人
们团结合力希望建造通向天际的高
塔，但上帝耶和华却故意搅乱了人
们的语言，把人们分散到各地，妨碍
了通天塔的建造。这个故事的原型
估计出自巴比伦（巴别）的圣塔，后
由德国考古家科德威（R. Koldeway）
发掘出来。圣塔基础边长超过 90 米，
估计塔高达 7 层以上。

黄道十二星座●摩羯座

# 乐器

发出音乐声音的器具。西洋音乐习惯把乐器分为管乐器、弦乐器、打击乐器三种。

**古希腊学校学习风景**⇨

*左侧／学习音乐，右侧／学习作诗。选自公元前 470 年前后的器皿画。*

# 小提琴

在管弦乐和室内乐中发挥中心作用的弓弦乐器。以中央 C 音下的 G 音为最低音，向上按 5 度间隔张拉 4 弦，全长约 60 厘米的乐器。演奏时架在左肩上，右手持长约 75 厘米的马尾毛琴弓演奏。小提琴表现力丰富，音域约达 3 个半音阶到 4 个音阶。利用左手 4 指按弦。讲究左手指正确的音高和恰当的颤音以及右手运弓流畅（还有拨弦、泛音等特殊技巧）。小提琴的起源有各种说法，大致在 16 世纪后期开始出现，取代中提琴在 1700 年前后完成。与中提琴的区别在于小提琴有拱起的琴身，连接面板和背板的音柱，f 字形孔，4 弦但无定音阶格等。中提琴、大提琴、低音提琴与小提琴在构造上相同，被统称提琴族。16 世纪到 18 世纪意大利克雷莫纳的阿玛蒂家族、瓜奈里家族、斯特拉迪瓦里家族制作的小提琴最为有名。

小提琴各部位名称

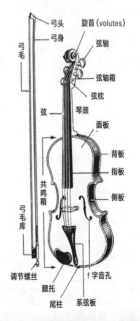

弓头
弓身
弓毛
弦
弓毛库
调节螺丝
旋首 (volutes)
弦轴
弦轴箱
弦枕
琴颈
面板
背板
指板
共鸣箱
侧板
f 字音孔
腮托
尾柱
系弦板

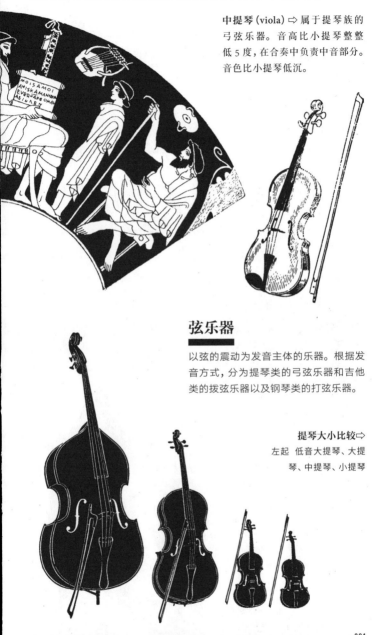

**中提琴 (viola)** ⇨ 属于提琴族的弓弦乐器。音高比小提琴整整低5度，在合奏中负责中音部分。音色比小提琴低沉。

## 弦乐器

以弦的震动为发音主体的乐器。根据发音方式，分为提琴类的弓弦乐器和吉他类的拨弦乐器以及钢琴类的打弦乐器。

**提琴大小比较**⇨
左起 低音大提琴、大提琴、中提琴、小提琴

**大提琴 (cello)** ⇨ 提琴族的弓弦乐器。一般有 4 弦，也有 5 弦的，比中提琴低一个音阶。演奏时琴体用双腿夹住，下部附有尾钉支撑。大提琴因为音域宽广，音量宏大，因此作为重要的低音乐器，自巴洛克时代以来就被重用，并产生很多独奏曲。

**弦** ⇨ 弦乐器的弦。由羊肠线、合成纤维、钢线以及绕有铜线的线制成。

大提琴各部位名称

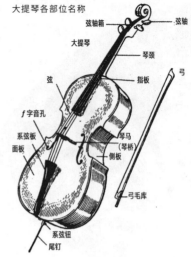

系弦钮
尾钉

《格里高利圣咏 (Gregorian chant)》的编曲者格里高利 1 世演奏单弦琴，口授圣咏的情形。选自 1241 年摹本。

**低音大提琴 (contrabass)** ⇨ 提琴族中音域最低的弓弦乐器。也称 double bass 或 bass。有 4 弦，音域最低 E 音，往高间隔 4 度。也有增加 C 音弦的 5 弦低音大提琴。长约 2 米，在交响乐队里一般比大提琴低一个音阶演奏。在爵士乐中多用拨奏 (pizzicato)。

低音大提琴与琴弓

# 竖琴

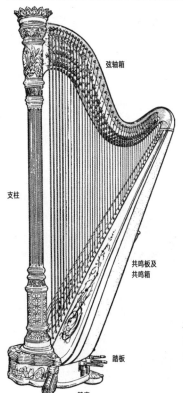

弦轴箱

支柱

共鸣板及
共鸣箱

踏板

基座

拨弦乐器。与共鸣箱垂直排列47 弦，全长约 1.8 米。演奏时共鸣箱靠在右肩上，双手(除小拇指以外)拨弦。竖琴按全 C(♭)音阶调音，基座设有控制弦上部弦钩的 7 个踏板。将踏板踏到中段，则所有弦便升高半个音阶(♮)，踏到下段，音可再升高半个音阶(♯)。这种构造被称作双踏板结构，由法国发明家塞巴斯蒂安·艾哈德(Sébastien Érard)于 1810 年发明。竖琴音域宽广，音色富有感情，合奏、独奏皆宜。有泛音、滑音等演奏法。一般认为竖琴起源于早期狩猎用弓箭，世界各地均有同类乐器。

*左/*双踏板竖琴。因为有 3 段踏板，所以可以演奏出原音及升音、降音三段不同音阶的音乐。

**凤首箜篌 (tzaung)** ➪ 缅甸竖琴类拨弦乐器。船型琴身与弯长的琴颈之间系有 9-14 根丝弦。左手握琴颈，只用右手演奏。凤首箜篌应该是从印度传入缅甸，但现在仅存缅甸，故亦被称作缅甸竖琴。

**鲁特琴 (lute)** ⇨ 或称琉特琴，拨弦乐器。弦平行紧绷在共鸣箱及琴颈上。起源有各种说法，1400年到1700年前后欧洲人爱用的鲁特琴的祖先应该是与吉他同属的阿拉伯乌德琴。16世纪标准的鲁特琴的琴身像一个竖切的半个西洋梨，琴轴箱向后完成直角，弦以两根组成一对复弦，共有五组，另外还有一根单弦，共11弦。有琴格(fret)，用手指演奏。

**巴拉莱卡琴 (balalayka)** ⇨ 俄罗斯民族乐器。属于鲁特琴类的拨弦乐器。琴身木制三角形，三弦，有琴格。按音域高低不同有5种大小。

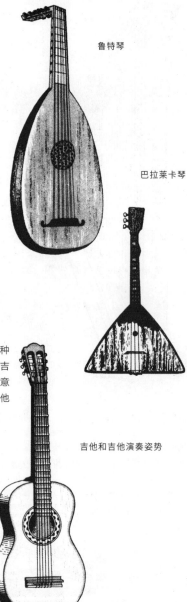

鲁特琴

巴拉莱卡琴

# 吉他

拨弦乐器。起源于乌德琴，有各种形式，现在常用的是6弦有琴格吉他。文艺复兴以后，欧洲特别是意大利、西班牙等拉丁语系国家吉他极为流行。

吉他和吉他演奏姿势

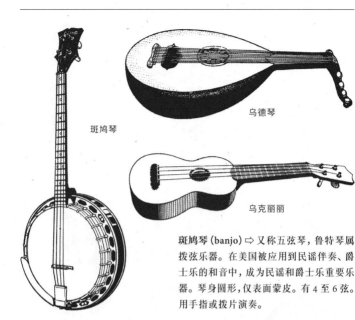

斑鸠琴

乌德琴

乌克丽丽

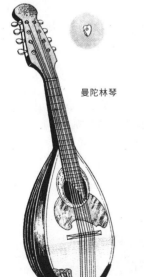

曼陀林琴

**斑鸠琴 (banjo)** ⇨ 又称五弦琴，鲁特琴属拨弦乐器。在美国被应用到民谣伴奏、爵士乐的和音中，成为民谣和爵士乐重要乐器。琴身圆形，仅表面蒙皮。有 4 至 6 弦。用手指或拨片演奏。

**乌德琴 (oud)** ⇨ 阿拉伯、土耳其、伊朗的乐器。属拨弦乐器。形状与鲁特琴相似，但无琴格。通常 5 弦以 4 度调弦，高音 4 弦各双弦同音。用扁平的棒状拨子演奏。拨子常用羽毛的翮制作。

**乌克丽丽 (ukulele)** ⇨ 鲁特琴属的 4 弦拨弦乐器。从葡萄牙传入夏威夷后被改良，成为近代夏威夷音乐不可或缺的乐器。同类乐器南美各地和东南亚都能看到。

**曼陀林琴 (mandolin)** ⇨ 鲁特琴属的拨弦乐器。18 世纪从蔓陀拉琴发展而来。现在的曼陀林琴被称作拿波里式，与小提琴同样按 5 度间隔调弦。使用金属弦，同音复弦共 8 弦。琴身半球状，指板有琴格。右手持拨片演奏。最有特点的是颤音。独奏、合奏皆宜。

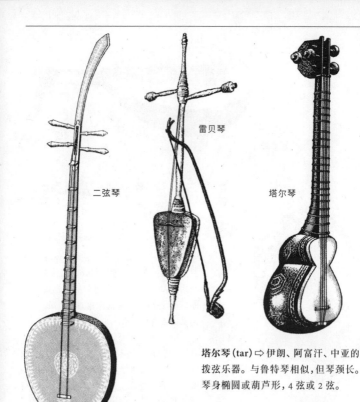

雷贝琴

二弦琴

塔尔琴

**塔尔琴(tar)** ⇨ 伊朗、阿富汗、中亚的
拨弦乐器。与鲁特琴相似，但琴颈长。
琴身椭圆或葫芦形，4 弦或 2 弦。

**二弦琴(krachap pi)** ⇨
泰国、柬埔寨琵琶的一
种。类似中国的月琴。

**雷贝琴(rebab)** ⇨ 伊斯兰的弓弦乐器。琴身小
圆形，表面蒙皮，琴颈细长，一直延伸到琴身
下方。羊肠弦 1 弦或 2 弦，按 4 度或 5 度调弦。
分布在阿拉伯半岛及伊朗、土耳其、印度尼西
亚、泰国等地。

**鳄鱼琴** ⇨ 泰国、柬埔寨的拨弦乐器。
金属弦 3 弦，琴身木制或用象牙雕刻。

鳄鱼琴

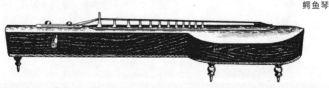

音乐●乐器

**土耳其音乐合奏**⇨后排两个手鼓（tambourine），中排左起卡曼恰琴、三个乌德琴、卡努琴，前排中央是卡曼恰琴

卡曼恰琴

**卡曼恰琴**（kamancheh）⇨土耳其、阿拉伯、北非等地的胡弓乐器。蛋形琴身，有 1 至 3 肠弦（译注：中国新疆称"艾捷克"）。

卡努琴

**卡努琴**（qanun）⇨阿拉伯、土耳其乐器。齐特琴（zither）属的拨弦乐器。台形扁平共鸣箱上通常排布 78 根肠弦，根据演奏曲目随时调弦。双手食指戴义甲演奏。

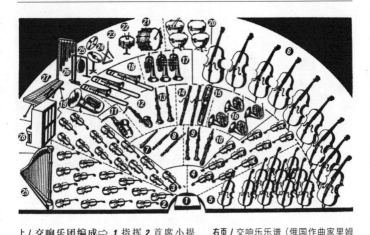

上 / 交响乐团编成⇨ 1. 指挥 2. 首席小提琴 3. 第二小提琴 4. 中提琴 5. 大提琴 6. 低音大提琴 7. 短笛 8. 长笛 9. 双簧管 10. 英国管 11. 萨克斯管 12. 低音单簧管 13. 单簧管 14. 巴松管 15. 低音巴松管 16. 法国号 17. 小号 18. 长号 19. 低音号 20. 定音鼓 21. 大鼓 22. 小鼓 23. 三角铁 24. 钹 25. 高音鼓 26. 管钟 27. 木琴 28. 钢片琴 (celesta) 29. 竖琴

右页 / 交响乐乐谱（俄国作曲家里姆斯基 - 科萨科夫的《西班牙随想曲》）

**交响乐团**⇨ 指多数乐器组成的合奏乐团。作为歌剧和芭蕾的伴奏发达，经过交响曲盛行的古典派时代，到 19 世纪柏辽兹 (Hector Louis Berlioz 或译白辽士) 等更进一步追求了交响乐的可能性。交响乐团以弦乐器为主，配以管乐器增加音色，还有增强节奏感的打击乐器，有的乐团编成甚至超过百人。

**低音号**⇨ 最低音的铜管乐器。操作按键可有 3 个音阶的音域，还可发出比低音部记号更低一个音阶的低音。因音域和大小形态不同有几种型号，大号 (sousaphone) 也属于其中一种。而瓦格纳低音号 (Wagner tuba) 则更近似于法国号。

低音号

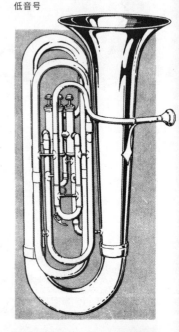

短笛
长笛
双簧管
单簧管 (B)
(A)
巴松管
法国号
小号
长号
低音长号
定音鼓
三角铁
铃鼓
小鼓
钹
大鼓
竖琴
小提琴
中提琴
大提琴
低音大提琴

长号

**长号(trombone)** ➡ 铜管乐器。依靠在第 1 到第 7 定位之间前后拉动伸缩管，变换管长发出各种音声。一般有降 B 调的高音长号(tenor)、升 G 调或 F 大调的低音长号(bass)以及使用一个按键兼顾两者的双调长号三种。长号从小号演变而来，音域低沉，音色浑厚，多用于管弦乐和爵士乐。

# 铜管乐器 Brass Instrument

管乐器的一种。嘴唇对准小碗状的吹嘴，靠嘴唇的振动发出音声的乐器。小号、长号等用铜材制作，但早期的短号类曾用木材和象牙制。虽是铜制，但因为没有上述构造的长笛和萨克斯号等却分类为木管乐器。

**法国号 (french horn)** ⇨ 铜管乐器。起源于号角，经狩猎号角等发展而成今天的形状。当初只能发出自然泛音，19 世纪中叶加装活塞和外插弯曲管之后，可发半音阶音。法国号用大约 3.7 米的铜管弯曲制成螺旋形管身和漏斗状喇叭口。属于移调乐器。除具有 3 音阶半音域的 F 调以外，还有降 B 调，现在常用的是通过操作活塞能兼顾 F 调和降 B 调的双重号。左手操作活塞阀键，右手伸进喇叭口内，调节开孔大小，即可变化音色。表现力极为丰富，是管弦乐器中不可或缺的乐器之一。

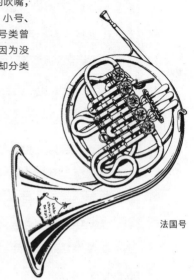

法国号

**短号 (cornet)** ⇨ 19 世纪初期发明的铜管乐器。现在的短号有三个活塞，与小号很像，但短号捎短一些。有降 B 调和 A 大调两种。cornet 本是 "小号角" 之意，早期小号角为木制，管上有指孔，流行于 16 世纪至 17 世纪。

短号与吹嘴剖面图

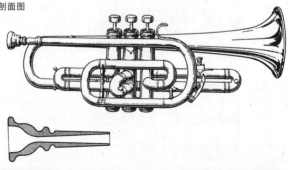

吹奏小号

**小号 (trumpet)** ⇨ 铜管乐器。喇叭类的乐器自古就有。现在的小号是19世纪中期是把管子长度接近短号，再加上活塞后形成的。由管状的主管、漏斗状的吹嘴、以及前段的喇叭口组成。使用3个活塞(阀键操作)和迂回管，能发出3个音阶以上的所有音。常见小号有降B调与C调。而巴赫小号(Bach trumpet)则是高音小号，19世纪后期为演奏巴赫音乐而制造。

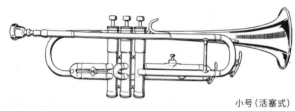
小号(活塞式)

次中音萨克斯管

高音萨克斯管

**萨克斯管 (saxophone)** ⇨ 又译萨克斯风。单簧木管乐器。金属制圆锥管上配置类似单簧管的簧片(reed)的乐器，具有表现力极为丰富的音色。多用于轻音乐和吹奏乐，管弦乐也有使用。一般有高音萨克斯(♭B Soprano Saxophone)、中音萨克斯(♭E Alto Saxophone)、次中音萨克斯(♭B Tenor Saxophone)、上低音萨克斯(♭E Baritone Saxophone)几种，其中以次中音萨克斯最为流行。是比利时乐器家阿道夫·萨克斯(Adolphe Sax)为创造兼有木管乐器和铜管乐器特长的乐器而发明的(1846年取得专利)。

## 长笛 flute

木管乐器。作为没有簧片的笛子的总称，具有悠久历史。直至巴赫时期还指的是竖着吹的竖笛，后逐渐成为横吹的长笛的指称。现在的长笛形成于18世纪前后，经德国人波姆（Boehm.Theobald）改良，成为现在表现力丰富的长笛。一般的长笛是金属制（本来为黑檀木制），管径19毫米，全长约66厘米。音孔有盖，用除右手大拇指外的9指操作。还有连动按键操作音孔的方式。依据C调吹奏方式不同，分闭键式和开键式，而闭键式最为一般。音域是从中央C调起大约3个音阶。

**短笛（piccolo）** ⇨ 木管乐器。相当于小型长笛，笛长只有长笛一半，但能发出高出长笛一个音阶的高音。多用于交响乐和吹奏乐。

上 / 短笛
下 / 长笛

## 木管乐器

管乐器的一种。本指木制管乐器，但现在也包括金属制的长笛、萨克斯笛等。管上有管孔，由手指开闭管孔，调整管子实际长度，从而得到出需要的音乐。木管乐器有无簧片的无簧管乐器（长笛、短笛）、只有一枚簧片的单簧管乐器（单簧管、萨克斯笛）、两枚簧片的双簧管乐器（双簧管、巴松管）三种。

**单簧管（clarinet）** ⇨ 只有一枚簧片的木管乐器。18世纪初叶德国发明，因音色像高音小号（clarino），故名。属于移调乐器，现在统一为降B调单簧管、A调单簧管、降E调单簧管以及低音单簧管等。音域超过3个音阶，非常宽广，表现力丰富。广泛用于吹奏乐、管弦乐、爵士乐等。

低音单簧管

笛头
小筒

上节管

下节管

喇叭口

降B调单簧管

# 巴松管 fagotto

**英国管（English Horn）**⇨ 双簧管木管乐器。虽然同属双簧管，但音域比一般双簧管低 5 度，属于 F 调的移调乐器。音质类似鼻音，音色美妙甘甜。

木管乐器之一。亦称低音管。与双簧管类似，有双簧，但管长达约 3 米，弯成两段。音域从低音部记号下的将 B 调起，约有 3 个半音阶，多用于交响乐和吹奏乐等。还有音域低 1 个音阶的倍低音管（contrafagotto）。

英国管

双簧管

吹奏长笛

吹奏巴松管

巴松管

倍低音管

**双簧管（oboe）**⇨ 高音域的木管乐器。特征是圆锥形管，有两枚簧片。由文艺复兴时期流行的双簧类乐器发展而来。巴洛克时代以后，作为表现力丰富的木管乐器被广泛用于独奏及合奏。19 世纪中期进行了增加按键等构造上的改良。此类乐器东方和西方都有。

**风笛 (bagpipes)** ⇨ 有气囊的笛子。通过挤压夹在腋下的皮制或布制空气囊，使 1 根有指孔的簧管和复数无指孔只能持续发出低音的簧管同时发出音乐。空气气囊的气体靠口吹或手动风箱补充。持续发出的低音非常独特，作为民族乐器自古见于世界各地。现在苏格兰风笛最为有名。

演奏风笛
衣着传统格纹服装演奏风笛的
苏格兰风笛手

风笛
**左 / 口吹式 右 / 风箱式**

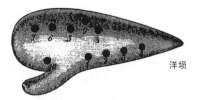

洋埙

**洋埙 (ocarina)** ⇨ 又译奥卡利那笛或陶笛。球形的笛子，有吹口和 8 至 10 个指孔。材质有陶土、金属、塑料等。据传为 19 世纪意大利发明。同类的陶笛亦见于中国、非洲、欧洲各地。

牧神潘（Pan）

簧片

单簧管的
笛头与簧片

**排箫 (panpipes)** ⇨ 或称潘排箫、潘神笙等，笛子类的乐器。横排固定长短不同的细管（黏土、金属、植物杆径等制作），吹气发音的乐器。希腊神话中的牧神潘手持此笛子，故名潘排箫。古希腊称之为西林克斯 (syrinx)。

**簧片 (reed)** ⇨ reed 本为芦苇之意。这里指乐器的簧（舌头）。空气吹过会发生颤动，此即为管乐器的发音源。双簧管、单簧管等用芦苇削成的薄片做簧片，而笙和簧风琴则用金属片做簧片。单簧管、萨克斯笛等被称作单簧乐器，是因为只有一枚簧片与吹口的背部发生摩擦振动发声；而双簧管、低音管等被称作双簧乐器，则是因为两枚簧片互相摩擦振动发声。

**号角** ⇨ 用兽角做的喇叭
见于古代中亚、印度、西亚等地

# 甘美兰 gamelan

以印尼爪哇岛、巴厘岛的敲打乐器为中心组成的大合奏团。主要可分为主旋律部（萨兰琴 saron、博南排锣 bonang 等）；装饰旋律部（gender、gambang 等）；节奏部（gong、kempul 等），此外还有 suling 和 rabab 的伴奏和演唱。在巴厘岛，还有为木偶戏伴奏的仁得瓦扬（gender wayang），为少女舞蹈剧伴奏的敲打乐器 pelegongan 等乐器。

响板

**响板 (castanet)** ⇨ 木材、金属、石片等制作的成对的体鸣乐器。西班牙、意大利、夏威夷等主要作为舞蹈伴奏用。

响葫芦

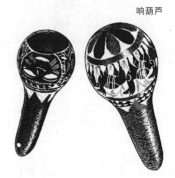

**响葫芦 (maracas)** ⇨ 发源于中南美的体鸣乐器。葫芦科植物马拉卡 (maraca) 果实干燥后，摇动里边的种子发出响声。也有木制的，一般高音和低音成对使用。

音乐●乐器

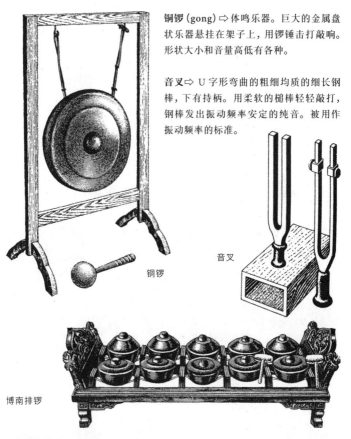

**铜锣 (gong)** ⇨ 体鸣乐器。巨大的金属盘状乐器悬挂在架子上，用锣锤击打敲响。形状大小和音量高低有各种。

**音叉** ⇨ U字形弯曲的粗细均质的细长钢棒，下有持柄。用柔软的槌棒轻轻敲打，钢棒发出振动频率安定的纯音。被用作振动频率的标准。

音叉

铜锣

博南排锣

**博南排锣 (bonang)** ⇨ 印度尼西亚甘美兰用乐器。紧绷在台架上的绳上，整齐摆放壶形铜锣，用一对锣锤敲击。两排配置，按五音音阶一个音节调律。甘美兰用高音、中音、低音三种。

三角铁

**三角铁 (triangle)** ⇨ 打击乐器。把细金属棒弯曲成三角形状，一头用绳吊在手上，用金属制小棒敲击发声。音律虽不安定，但能发出有透明感的丰富泛音。

**钹 (cymbal)** ⇨ 打击乐器。缓缓内弯的铜制圆盘，中间有系绳，两张各拿一手，互相敲击作声。音律不定，但音色鲜明。也有将钹悬挂半空，用小鼓鼓槌敲打的用法。

**鼓 (drum)** ⇨ 包括大部分膜鸣乐器和木鼓 (slit drum 木材内部掏空而成的鼓) 的总称。有筒状大鼓、小鼓、有木框的铃鼓、锅状的定音鼓等。用于爵士乐的架子鼓由大鼓、小鼓、高音鼓加体鸣乐器钹组成。

**高音鼓 (tom-tom)** ⇨ 膜鸣乐器。起源于东洋的大鼓，现在大小各种鼓被用于爵士乐。有一种像小鼓的高音鼓但无响弦。

**大鼓** ⇨ 西洋乐器中指木材或金属制的圆筒两端绷有皮革的大鼓。一般情况下立在台上，一只手挥鼓槌敲打发音。音声深沉，是决定合奏基本节奏的重要乐器。

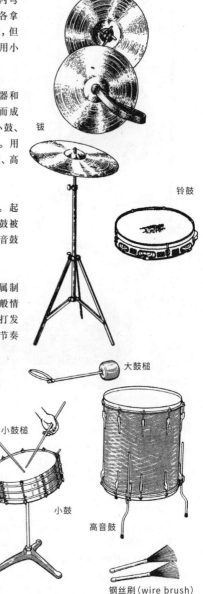

钹

铃鼓

大鼓槌

小鼓槌

大鼓

小鼓

高音鼓

钢丝刷 (wire brush)

音乐●乐器

邦戈鼓

**邦戈鼓 (bongos)** ⇨ 起源于中南美的大鼓。掏空的原木上蒙皮而成。大小不同两个鼓为一组，夹在双腿之间，用手指敲打演奏。

长鼓

**铃鼓 (tambourine)** ⇨
单面蒙皮的鼓。单手持之，另一只手敲击演奏。圆形木框上装有 8 至 16 个金属小圆片，敲击摇动时能发出铃铛般响声。多用于西班牙舞蹈音乐，管弦乐亦有使用。

**长鼓 (tambourin)** ⇨ 或称普罗旺斯大鼓。一种鼓身细长的鼓。法国普罗旺斯地区多用。曾被法国作曲家比才 (Georges Gizet) 的《阿莱城姑娘》和俄国作曲家斯特拉文斯基 (Igor Strabinsky) 的《彼得洛希卡》等曲目采用。

**定音鼓 (timpani)** ⇨ 一种大鼓，交响乐的重要打击乐器。起源于阿拉伯。金属制半球形鼓壳上蒙一张皮，用鼓槌敲击演奏。直径 60-80 厘米，音律因直径与蒙皮的张力不同而异，但大致能调律到一个音节之内，获得明确的鼓声。还有利用一个踏板调律的定音鼓。一般 4 个一组使用。

定音鼓

兰纳特(ranat)泰国木琴

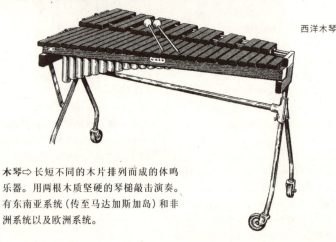

西洋木琴

**木琴**⇨ 长短不同的木片排列而成的体鸣乐器。用两根木质坚硬的琴槌敲击演奏。有东南亚系统(传至马达加斯加岛)和非洲系统以及欧洲系统。

**钟琴 (glockenspiel)** ⇨ 铁片琴。各种高音的铁片排列而成的乐器。用琴槌敲击演奏。分有共鸣管和乐队用无共鸣管钟琴两种。音色明亮尖锐。

**马林巴木琴 (marimba)** ⇨ 起源于非洲和中南美的一种木琴。音域有 3-4 音阶,响音比一般木琴沉稳。一般都有共鸣管,用柔软的琴槌敲击演奏。

演奏木琴

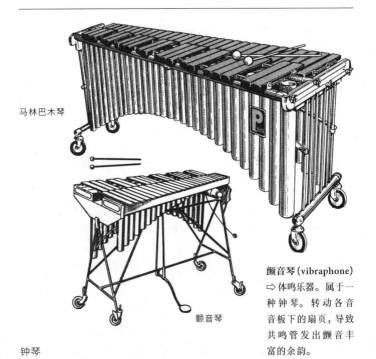

马林巴木琴

颤音琴

**颤音琴**（vibraphone）
⇨ 体鸣乐器。属于一
种钟琴。转动各音
音板下的扇页，导致
共鸣管发出颤音丰
富的余韵。

钟琴

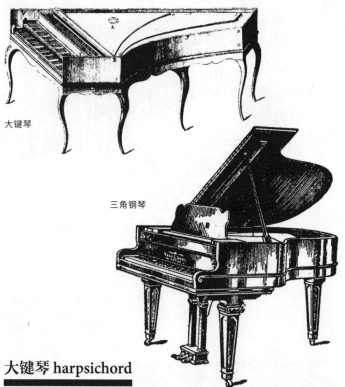

大键琴

三角钢琴

# 大键琴 harpsichord

有键盘的拨弦乐器。又称拨弦键琴或古键琴。作为键盘乐器，在 18 世纪末钢琴完成以前，与风琴同为重要。但是大键琴在构造上是从索尔特里琴 (psaltery) 发展而来的拨弦乐器，所以与打弦乐器的钢琴有着本质上的不同。按下键后，键另一端竖直安装的推杆顶端的拨子 (羽毛管或皮革制) 从下边拉动琴弦。一个键对应几种音质不同的琴弦，多用踏板或停止键选择，键盘大多两段。音域有 5 音阶，音色纤细华丽。但不能通过按键强弱来获得音量大小，乐音也没有钢琴持续时间长。

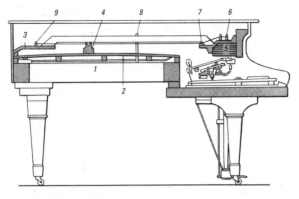

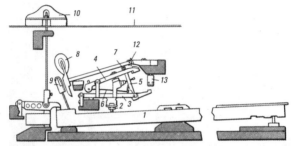

上 / 三角钢琴剖面图 ⇨ **1.** 木架 **2.** 响板 **3.** 铁架 **4.** 琴马 **5.** 钉板 **6.** 调音钉 **7.** 弦支点座 **8.** 螺丝 **9.** 挂弦钉 下 / 双擒纵击弦机（escapement Action）⇨ **1.** 琴键 **2.** 琴键导杆 **3.** 舟型杆 **4.** 复振杆 **5.** 顶杆 **6.** 双重反复顶杆弹簧 **7.** 鼓轮 **8.** 琴槌 **9.** 接档木 **10.** 制音器 **11.** 弦 **12.** 复振杆制止螺丝 **13.** 接近调整木粗

17 世纪低地国家
（Netherlands）的古竖琴

**古竖琴(spinet)** ⇨ 又译小型竖琴、小钢琴、小型拨弦古钢琴等，键盘乐器。小型键琴，还有带脚架的。1 键对 1 弦，由推杆的拨子拨弦。有面向演奏者左右张弦的长方形琴和往后 45°张弦的略呈三角形的琴两种。

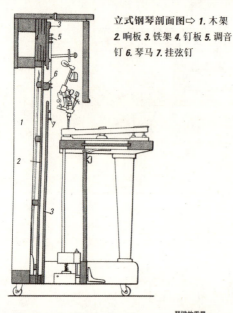

立式钢琴剖面图⇨ **1.** 木架
**2.** 响板 **3.** 铁架 **4.** 钉板 **5.** 调音
钉 **6.** 琴马 **7.** 挂弦钉

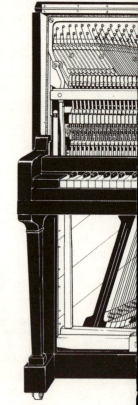

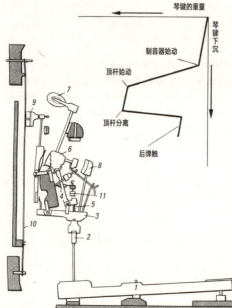

琴键的重量

琴键下沉

制音器始动

顶杆始动

顶杆分离

后弹触

立式钢琴击弦机⇨
**1.** 琴键 **2.** 琴键导杆 **3.** 舟形
器 **4.** 顶杆 **5.** 顶杆弹簧 **6.** 琴
槌背档 **7.** 琴槌 **8.** 接档木
**9.** 制音器 **10.** 弦 **11.** 接近调
整木栢

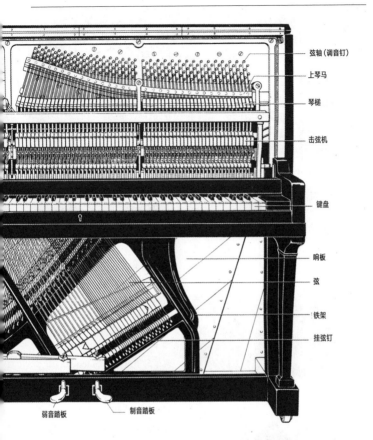

弦轴（调音钉）
上琴马
琴槌
击弦机
键盘
响板
弦
铁架
挂弦钉
弱音踏板
制音踏板

## 钢琴 pinao

键盘乐器。是 pianoforte 的简称形。1709 年意大利克里斯托佛利（Bartolomeo Crestofori）最早发明钢琴，因为能自由弹出弱音（piano）和强音（forte），代替大键琴成为键盘乐器之王。因为音域平均律 88 键七又四分之一个音阶，主旋律与和声可同时演奏，音色明快，所以倍受欢迎。钢琴的基本构造是在金属架上拉弦，并由响板（使用云杉木材，仅涂防潮涂料）及琴马、敲击弦的琴槌和琴键等机械部分构成。

## 键盘乐器

按键即能发出所需音高的乐器。与发音构造和方法无关的分类。键盘乐器作为总称包括代表性乐器钢琴和自古即有的风琴、大键琴、古钢琴等。其他还有簧片琴、钢片琴等。

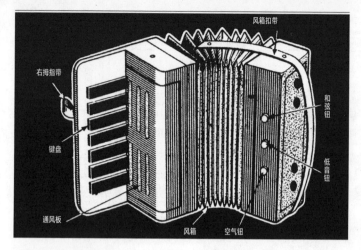

风箱扣带

右拇指带

和弦钮

低音钮

键盘

通风板

风箱　空气钮

键钮式手风琴

班东尼手风琴

非洲拇指琴

**手风琴 (accordion)** ▷
一种携带用簧片乐器。双手推拉风箱给簧片送气。右手弹类似钢琴键的键盘，左手选择按伴奏用的低音和几种和音。

**班东尼手风琴 (bandoneon)** ▷
一种手风琴。1840 年德国人发明，后传入阿根廷，成为探戈乐曲用主要乐器。右手演奏高音部，左手演奏低音部键钮，还可演奏激烈的断奏。

**非洲拇指琴 (sanza)** ▷
一种见于撒哈拉以南、刚果一带的拇指琴。用手指弹拨金属片等舌状薄片演奏的体鸣乐器。

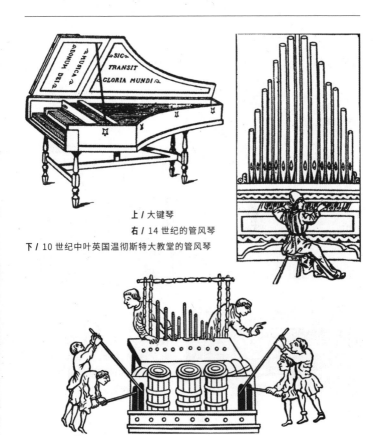

上 / 大键琴

右 / 14 世纪的管风琴

下 / 10 世纪中叶英国温彻斯特大教堂的管风琴

# 管风琴 organ

键盘乐器。是一种靠机械动力吹风的管乐器的复合体,公元前 250 年前后亚历山大城发明家克特西比乌斯(Ctesibius)发明的"水风琴"(Water organ)被认为是原型。其后拜占庭及西班牙大量制作,14 至 15 世纪发明了仅靠手指操作的键盘和踏板键盘后,迅速发展并大型化。在文艺复兴和巴洛克时代,管风琴发挥了中心乐器的作用。18 世纪德国乐器师施尼特格尔(Arp Schnitger)和希伯尔曼(Gottfried Silbermann)制作了许多优质管风琴。19 世纪流行浪漫管风琴,追求音量与音色的丰富多彩,而最近却流行巴洛克管风琴明亮清澈的音色。

**左 /** 几位女性正在奏乐消闲。选自《红楼梦》程甲本插图

**排箫** ⇨ 整齐横排音律固定的十多根竹管的吹奏管乐器。

朝鲜李朝的排箫

**杖鼓** ⇨ 朝鲜鼓。亦称"长鼓"。鼓身长约 70 厘米，两头大中间细。直径大的左面用左手拍打，直径小的右面用鼓槌敲打。

杖鼓

**敔 (yǔ)** ⇨ 中国古代乐器。木制的卧虎形状乐器，用籈 (竹刷) 划擦虎背上的楞痕发声，表示雅乐演奏结束。与表示演奏开始的"柷"成对。

朝鲜李朝的敔

**大笒** ⇨ 朝鲜雅乐乐器。长 84 厘米、粗 2 厘米的横笛。朝鲜三国时代的新罗王朝有大笒、中笒、小笒。

朝鲜大笒

音乐 ●乐器

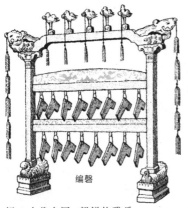

编磬

**磬** ⇨ 古代中国打击乐器。用槌敲击悬挂在空中的石片演奏。石片是向下的直角弯形。只有1块石片的叫特磬,十几块一组的叫编磬。

钟各部位名称
选自《周礼·考工记》

**埙** ⇨ 古代中国·朝鲜的雅乐乐器。土笛,上端是吹口。

埙

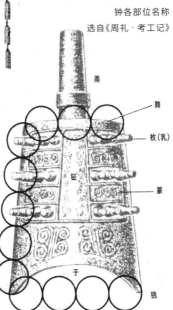

甬

舞

枚(乳)

钲

篆

于

铣

**柷 (zhù)** ⇨ 古代中国·朝鲜的雅乐乐器。始于周代。用打棒敲击里边的底部和侧边演奏。

柷

**钟** ⇨ 一种金属制的打击乐器。有两种。一种是摇动中间的钟舌碰撞钟体发出钟声,另一种是从外边敲击钟体发出钟声。前者有铎、铃、bell 等;后者从形状上分为吊钟、板状的磬、盆状的铜锣、小盘子状的钲鼓等。中国青铜器时代盛行,殷代把吊钟型的钟8个1组倒置演奏,到周代则把钟悬挂起来演奏。

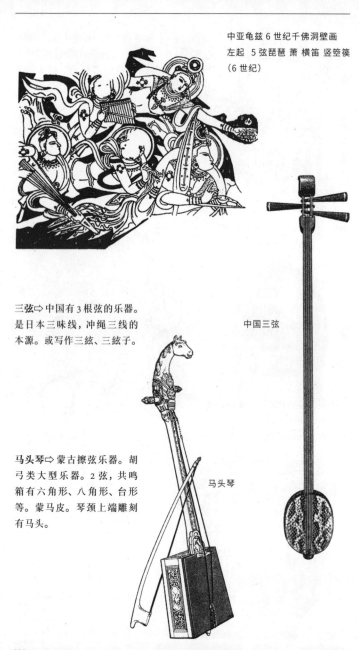

中亚龟兹 6 世纪千佛洞壁画
左起 5 弦琵琶 萧 横笛 竖箜篌
（6 世纪）

中国三弦

**三弦**⇨中国有 3 根弦的乐器。
是日本三味线、冲绳三线的
本源。或写作三絃、三絃子。

马头琴

**马头琴**⇨蒙古擦弦乐器。胡
弓类大型乐器。2 弦，共鸣
箱有六角形、八角形、台形
等。蒙马皮。琴颈上端雕刻
有马头。

330                                                    音乐●乐器

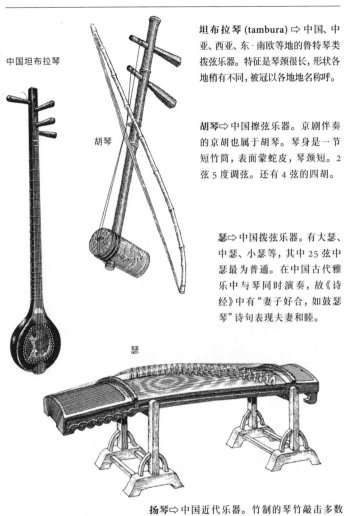

中国坦布拉琴

**坦布拉琴 (tambura)** ▷ 中国、中亚、西亚、东·南欧等地的鲁特琴类拨弦乐器。特征是琴颈很长,形状各地稍有不同,被冠以各地地名称呼。

胡琴

**胡琴**▷ 中国擦弦乐器。京剧伴奏的京胡也属于胡琴。琴身是一节短竹筒,表面蒙蛇皮,琴颈短。2弦5度调弦。还有4弦的四胡。

**瑟**▷ 中国拨弦乐器。有大瑟、中瑟、小瑟等,其中25弦中瑟最为普通。在中国古代雅乐中与琴同时演奏,故《诗经》中有"妻子好合,如鼓瑟琴"诗句表现夫妻和睦。

瑟

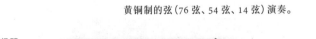

**扬琴**▷ 中国近代乐器。竹制的琴竹敲击多数黄铜制的弦(76弦、54弦、14弦)演奏。

扬琴

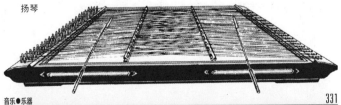

**象头神 (Ganesha)** ⇨ 印度神话中的智慧之神。长相是长鼻、象面、四臂、人身，为湿婆之子。

**湿婆 (Shiva)** ⇨ 印度神话主神之一。以"楼陀罗"名出现在《梨俱吠陀》中的时候并非一个重要的神。但是在印度教中，被称作破坏神湿婆，与创造神大梵天及保护神毗湿奴并称三大神之一，成为一个重要的神。

象头神

湿婆

**萨兰吉琴 (sarangi)** ⇨ 北印度拨弦乐器。琴身表面蒙皮，琴马分两段，上段有演奏旋律的 3 根肠弦，还有 1 根金属弦，下段有多根细金属共鸣弦。男性用乐器，主要用于舞蹈伴奏。

**西塔琴 (sitar)** ⇨ 北印度拨弦琴。通常有 7 根金属弦。金属制琴格仅以弦线缠绕而成，可上下调节。琴马宽幅，音色独特。与维纳琴同样，用金属制义甲沿琴格向侧面拉弹演奏。

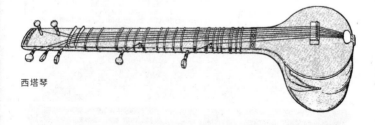

西塔琴

阿格尼

因陀罗

印度鼓
马塔兰王朝时期

**阿格尼 (Agni)** ⇨ 印度神话中的火神。地上的火和雷电以及太阳神格化的产物。是天上的神和地上的人之间的中介者。

**因陀罗 (Indra)** ⇨ 印度吠陀神话中的神。是与雷电结合的自然现象的神，但被拟人化成为武勇之神、英雄军神。《梨俱吠陀》的大约四分之一都是因陀罗神赞歌。在佛教神话中被称作帝释天。

萨兰吉琴

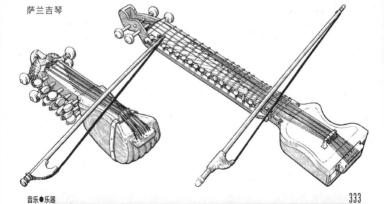

爱迪生发明的
手摇式留声机

最早的圆盘式
手摇留声机

**留声机**⇨ 播放唱片的装置。爱迪生于1877年发明。手摇转动贴有锡箔的转筒，安装在喇叭头振动板上的唱针在锡箔上刻出凹凸沟槽，录音或播放。1885年出现锡箔代用品蜡管，一直用到1932年前后。此后，1887年发明的圆盘式留声机得到改良，开始使用标准转速的唱片后，由发条驱动的转盘、音箱、喇叭构成的留声机得到普及，后又进化成电动留声机。

黄道十二星座●水瓶座

讨论如何结束特洛伊战争的各路大神

# 特洛伊战争 Troia war

希腊人远征特洛伊的战争。发生在公元前 12 世纪的一场真实的战争，后传说故事化。赫拉、雅典娜、阿芙洛狄忒三女神争美斗艳的时候，裁判特洛伊王子帕里斯选中了阿芙洛狄忒，阿芙洛狄忒按事前约定，把希腊第一美女海伦给帕里斯做妻，后帕里斯把海伦带回特洛伊。为了夺回海伦，海伦丈夫墨涅拉奥斯组织以兄长阿伽门侬为总帅，包括英雄阿喀琉斯和奥德修斯等在内的远征军征讨特洛伊。特洛伊一方则以英雄赫克特为主将反击。战争持续 10 年，双方牺牲无数英雄好汉都没有结果，最后希腊军把士兵藏在木马中攻城成功，特洛伊终于陷落。城中男性被杀，女性被充作奴隶。有关这一战争的史诗有荷马的《伊利亚特》、《奥德赛》等作品。

大埃阿斯

**大埃阿斯 (Ajax)** ⇨ 忒拉蒙之子，萨拉米斯岛之王。身高体壮，在特洛伊战争中寡言刚直，是仅次于阿喀琉斯的英雄。

**埃涅阿斯 (Ainesas)** ⇨ 或译伊尼亚斯。特洛伊战争英雄。女神阿芙洛狄忒之子。其父为安基塞斯。特洛伊战争后，被神命为罗马王。相传罗慕路斯 (Romulus) 即为其子孙。

神话●诸神

埃涅阿斯身背父安基塞
斯逃离特洛伊城

给阿喀琉斯包扎伤口的帕特
罗克罗斯(Patroclus)

**阿喀琉斯(Achilles)** ⇨ 又译阿基里斯。国王佩琉斯与女神忒提丝(Thetis)之子。史诗《伊利亚特》的主人公。为了使他成为不死身,刚出生其母便把他浸泡到冥河斯提克斯(Styx)中,但脚踝却因拿在手中没有浸水。阿喀琉斯在半人马喀戎(Chiron)的培养下成长为一个智勇双全的飞毛腿英雄,在特洛伊战争中被称为希腊军第一勇士。杀死赫克特等无数敌将,但最后不幸被帕里斯射中脚踝而亡。

**雅典娜(Athena)** ⇨ 希腊神话中最具代表性的女神。相当于罗马神话中的弥涅耳瓦。是掌管智慧、战争、技术、工艺的处女神。也是雅典城的守护神。被祭祀在雅典卫城上的帕特农神庙中。传说宙斯把自己的妻子墨提斯(Metis)吞噬之后,雅典娜从宙斯的头顶完全武装蹦了出来。为了争夺守护神的地位,雅典娜与海神波塞冬争斗,因为赐给荒地橄榄树而获胜。雅典娜战争时期率领女神尼刻指导英雄们战斗;和平时期则给人们传授编织和工艺等技术。

雅典娜

阿多尼斯(Adonis) ⇨ 生于乱伦关系的美少年。深受女神阿芙洛狄忒喜爱，但却在狩猎时被野猪猪死。死后他的血变成银莲花(Anemone)，女神阿芙洛狄忒悲伤的眼泪变成了玫瑰。阿芙洛狄忒与春神珀耳塞福涅(Persephone)争夺阿多尼斯，经过宙斯调停，阿多尼斯在两个女神那里各住半年。阿多尼斯象征繁殖和丰收。

阿多尼斯

阿特拉斯(Atlas) ⇨ 又译亚特拉斯，提坦大力神之一，力大无比。普列亚德斯与赫斯佩洛斯为阿特拉斯之子。反抗宙斯失败后，被罚在世界最西方(据传此即为阿特拉斯山脉)用头和手撑住苍天。他设计想把撑天一事转嫁给大力神赫拉克勒斯(Heracles)，但未成功。后求珀耳修斯(Perseus)把自己变成了石头。16世纪起欧洲出现在地图集封面印刷阿特拉斯画像的习惯，后阿特拉斯转为地图集之意。

阿特拉斯

阿芙洛狄忒(Aphrodite) ⇨ 相当于罗马神话中的维纳斯。起源可上溯至闪族女神阿斯塔蒂，本为丰收女神，后成为代表爱情和美丽以及性欲的女神。诞生于海水泡沫，为奥林匹斯十二主神之一。被美丽饰带迷蒙嫁给火神铁匠(Hephaestus)，后被战神阿瑞斯的英姿所征服，成为阿瑞斯情人。她同时还喜爱俗世美男的摩多科斯和阿多尼斯，还和安基塞斯生下埃涅阿斯。传说每年一次侵泡到出生的海水里，以恢复青春和美貌。

阿波罗

**阿波罗(Apollo)** ⇨ 希腊神话代表性神之一。宙斯和女神勒托之子。与阿耳忒弥斯是双胞胎。出生于阿得罗斯岛(Adelos)。阿波罗用银箭杀死住在德尔菲(Delphi)的皮同(Python)后,在德尔菲建成自己的神庙,受到人们的敬爱,势力逐渐扩大。阿波罗以年轻力壮的美少年出现,性格也是多样的。他是智慧、道德、秩序、法律的保护神,司掌音乐(特别是里拉琴)、弓矢、预言、医疗、家畜等。另外作为光明之神,阿波罗也被称作福玻斯(Phoibos),大约从公元前 5 世纪起,被视同太阳神。

**亚马逊人(Amazones)** ⇨ 在希腊神话中,指住在北方未开化偏僻之地,只由女战士组成的种族。她们定期与外国的男子结合以繁衍后代,生下男孩则去势或杀死,女孩则留下养育。为了便于拉弓射箭,她们把右边乳房切除,故称亚马逊亚(意即无右乳)。她们骑在马上,使用弓箭、战斧、枪剑和特制的盾牌战斗,在爱奥尼亚各地建有城市。特洛伊战争中因为助势特洛伊一方而败给阿喀琉斯。

阿芙洛狄忒

亚马逊人

**阿耳忒弥斯(Artemis)** ⇨ 又译阿提密斯或阿忒弥斯。宙斯和女神勒托之子,是阿波罗的孪生妹。相当于罗马神话的狄安娜。常与月神赛琳娜混同。保护森林、山丘、野生动物,是司掌狩猎的处女神。还协助出产。携带弓箭与山野精灵(Nymph)和猎犬一起奔跑在山野保护狩猎。

阿瑞斯

阿耳忒弥斯

**阿瑞斯(Ares)** ⇨ 希腊神话中的军神,相当于罗马神话的马尔斯(Mars)。是宙斯和赫拉之子。生性好战,性格残忍,态度傲慢,但却风采迷人。相传爱神厄洛斯即为阿瑞斯和阿芙洛狄忒之子。此外还与众多女性生下许多好战的儿子。

安德罗墨达

**安德罗墨达(Andromeda)** ⇨ 埃塞俄比亚(Ethiopia)国王刻甫斯(Cepheus)与王后卡西奥佩娅(Cassiopeia)之女,因其母不断炫耀女儿的美丽而得罪了海神波塞冬,波塞冬遂派海怪刻托(Ceto)蹂躏了埃塞俄比亚。安德罗墨达被用铁索锁在岩石上,即将死亡之际,被珀耳修斯救下,并成为珀耳修斯之妻。后升天成为星座,即为仙女座。

**独角兽 (unicorn)** ⇨ 产于印度的一种马身、羚羊臀、狮子尾，只有一支长犄角的想象中的动物。象征纯洁。用其独角制作的杯子可发现毒并解毒。

独角兽

伊俄

**伊俄 (Io)** ⇨ 河神伊那科斯的女儿，阿尔格斯的赫拉神庙的女祭司。相貌美丽，备受宙斯宠爱，到埃及后生下厄帕福斯，成为埃及女王。常被与埃及女神伊西斯 (Isis) 视作同一神。

厄洛斯

**欧罗巴 (Europa)** ⇨ 腓尼基公主。宙斯变成白牛诱惑在海边玩耍的欧罗巴，把欧罗巴背到克里特岛，在那里生下米诺斯、拉达曼迪斯等。

欧罗巴

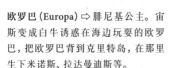

**厄洛斯 (Eros)** ⇨ 爱神。罗马神话叫做丘比特。关于厄洛斯的传说很多，一说厄洛斯是爱神阿芙洛狄忒之子，也是阿芙洛狄忒的伴随者。其形象是长有一对翅膀的美少年，行走在花朵上，手持弓箭，射到谁，谁马上就被爱所俘。性格淘气，所以有时恶作剧也会显得残酷。后变成数位小孩姿态的神灵。

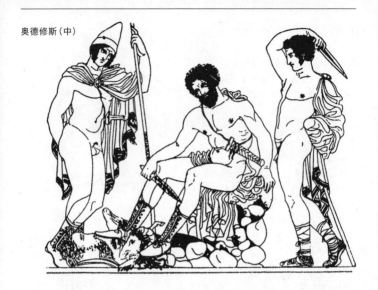

奥德修斯(中)

**奥德修斯 (Odysseus)** ⇨ 伊萨卡岛王拉埃尔特斯 (Laertes) 之子。英语也称作"尤利西斯"(Ulysses)。是一位长于谋略的红发英雄。曾参加特洛伊战争，英勇善战，建议建造木马，给希腊军带来最后胜利。战胜特洛伊后返乡途中，抵达独眼巨人 (Cyclops) 住的岛(即西西里岛)时，他刺瞎了海神波塞冬之子波吕斐摩斯的眼睛。波塞冬大怒，阻挠他回家。他被迫漂泊，经过艾俄里亚岛、巫女喀尔刻 (Circe) 居住的岛，奥杰吉厄岛 (Ogygia) 等，最后到达菲埃克斯人的国土。从那里终于回到妻子珀涅罗珀 (Penelope) 苦等 20 年的故乡伊萨卡岛。然后杀死了纠缠他妻子的那些男人，重新夺回了王位和妻子。

刺杀埃癸斯托斯 (Aegisthus) 的奥德修斯

被小埃阿斯（Ajax）
强掳的卡珊德拉

**卡珊德拉（Cassandra）**⇨ 传说是特洛伊国王普里阿摩斯最美丽的女儿。阿波罗赠给她预言能力向她求爱，却遭到她拒绝，阿波罗遂使人都不再相信她的预言。与阿咖门农并遭克吕泰涅斯特拉杀害。

**伽倪墨得斯（Ganymede）**⇨ 美少年。特洛伊国王特罗斯之子。被宙斯看中，宙斯变成巨鹰把伽倪墨得斯劫走，使之成为宴会的一个侍童，给众神斟酒。

伽倪墨得斯

俄瑞斯忒斯的母亲
克吕泰涅斯特拉

**俄瑞斯忒斯（Orestes）**⇨ 传说中的人物。阿咖门农之子。父阿咖门农被人暗杀后俄瑞斯忒斯逃到国外，长大后回国，与姐姐厄勒克特拉一起杀死了自己的母亲克吕泰涅斯特拉（Clytaemestra）和她的情人埃及斯托斯，为父报仇。后被复仇女神厄里倪厄斯（Erinyes）穷追不舍，几近发狂，流浪诸国。到雅典娜后，在亚略巴古（Areopagus）法庭被宣布无罪。后即位阿尔格斯和斯巴达国王，90 岁死去。

**喀迈拉 (Chimera)** ⇨ 又译奇美拉，"公羊"之意，是希腊神话中会喷火的怪物。喀迈拉有狮子头、公羊身、蛇尾、口能喷火。因为它在小亚细亚的吕基亚 (Lycia) 故意捣毁农田，残害牲畜，后被骑着天马的柏勒洛丰 (Bellerophon) 所杀。

喀迈拉

库柏勒

**库柏勒(Cybele)** ⇨ 小亚细亚的大地母神。后在希腊神话和罗马神话中被与瑞亚同视。繁殖之神，掌管治疗和神谕，具有战时守护国家的多种能力。与少年阿提斯相爱。

**厄俄斯 (Eos)** ⇨ 黎明之神。相当于罗马神话中的欧若拉 (Aurora)。是提坦神许珀里翁与忒亚之女。乘双马牵引的战车在太阳升起以前便奔驰在天空。是西风神赛菲罗斯，南风神诺托斯，北风神伯雷亚斯等之母。

**刻法罗斯 (Kephalos)** ⇨ 赫耳墨斯和赫尔斯 (Herse) 之子。雅典公主普罗克里斯 (Prokris) 之夫。因受黎明女神厄俄斯恋慕被诱拐，但他思妻心切，最后女神只好将他送回。

**右起 /** 太阳神赫利俄斯、星神、恩底弥翁、黎明之神厄俄斯、刻法罗斯

海神波塞冬之妻安菲特里忒迎接格劳科斯

**赫利俄斯(Helios)** ⇨ 太阳神。赫利俄斯每日乘四匹马牵引的黄金战车从东方升起，到西方降下，将俄刻阿诺斯掌管的大洋河河水装进黄金杯返回原处。相当于古罗马神话中的索尔(Sol)。

**格劳科斯(Glaucus)** ⇨ 本来是一个渔夫，因误食草药变成上半身人，下半身是鱼的海神。向美少女斯库拉求爱被拒。

**恩底弥翁(Endymion)** ⇨ 厄勒亚国王。外貌俊美，月亮女神塞勒涅(Selene)深爱他的美貌，请求神让他不老不死，永远沉睡。

雅典娜从大地女神盖亚手中接过厄里克托尼俄斯（Erichthonius）▷
左起／凯克洛普斯、盖亚、厄里克托尼俄斯、雅典娜、赫淮斯托斯、赫赛

**凯克洛普斯（Cecrops I）**▷阿提卡（Attica）最早的国王，或说人民之祖。相传生于大地。上半身是人，下半身是蛇。最早教给人们法律。

半人马　上／庞贝壁画
下／年老的半人马

**半人马（Centaur）**▷人首马身的怪物。是拉比斯（Lapith）国王伊克西翁（Ixion）和云仙子涅斐勒（Nephele）幻觉交配后出生的。住在厄利斯、阿尔卡迪亚、塞萨莉亚的山野和森林里，过着野蛮、放纵酒色的生活。拉比斯国王佩里托斯招待半人马参加婚宴，半人马在婚宴上调戏新妇和其他女性，挑起激烈战斗。半人马战败，被驱逐出希腊本土。

沙罗曼达

西西弗斯

**沙罗曼达 (Salamander)** ⇨ 又译沙拉曼达、火蜥蜴（蝾
螈）、沙罗曼蛇等。像蛇或蜥蜴的一种传说中的动物，
火蛇。行走在火中，有消火能力。或说住在火中。有
强毒，人们相信把沙罗曼达缠在果树上其毒性能传进
果树和果实，吃了该果实的人会死。

**西西弗斯 (Sisyphus)** ⇨ 又译西绪弗斯、薛西弗斯等，
科林斯国王。世界上最狡猾机智的男人。或说是英雄
奥德修斯之父。因为蒙骗死神，哄弄冥界诸神而长生
不老。宙斯把他打入地狱，罚他把巨石推向山顶。巨
石快到山顶时便会掉下来，他又得推，如此永远重复，
他的苦役也便永无止境。

与巨人族交战的宙斯和赫拉

**宙斯 (Zeus)** ⇨ 克洛诺斯和瑞亚最小的儿
子。为了不被父亲吞噬，躲避在克里特岛
的山中，被山野精灵（Nymph）和魔法山
羊养大。长大后在提坦族智慧女神墨提
斯的帮助下，把父亲克洛诺斯从主神宝座
赶下台。宙斯与兄弟们联合起来经过激
烈战斗，镇压了叛乱的提坦族，消灭了盖
亚生下的怪兽泰风。他钦定奥林帕斯山
为诸神的宫殿，并娶赫拉为后。同时他还
跟许多其他女性生下雅典娜、阿耳忒弥
斯、阿波罗、阿瑞斯、戴欧尼修斯、赫拉
克雷斯等许多神和人。宙斯之名语源为
"光"，是统领苍天、雷电的神，同时也是
主持秩序、正义、律法等的至高无上的神。
宙斯常以手持权杖与雷电，率领老鹰之姿
出现。在罗马神话中被称作朱庇特。

塞壬

**塞壬 (Siren)** ⇨ 又译西壬，人首鸟身，鸟形的 3-4 个女怪物。她们有着美丽的歌喉，住在西西里岛附近的岛屿上。传说被她们的歌喉所诱惑而被杀死的船员的白骨在岛上堆积成了白骨山。在俄尔普斯和奥德修斯成功抵抗了她们的歌声后，她们含羞投海自尽。英语 "siren"（警报音）词源。

**达那厄 (Danae)** ⇨ 阿耳戈斯国王阿克里西俄斯漂亮的金发女儿。因为有神给父王说自己会被孙子杀死，所以父王便把女儿达那厄关在地牢中。但宙斯却借黄金之雨从天窗侵入地牢，与达那厄交媾成功，生下珀耳修斯。父王又把她们母子两人装进木箱放流到大海上，但她们漂到一个岛上活了下来。

正被阿克里西俄斯装进木箱，流放大海的达那厄母子

**赫拉 (Hera)** ⇨ 宙斯正妻。是守护女性结婚和生育等性生活的保护神。相当于罗马神话的朱诺。克洛诺斯和瑞亚之女。宙斯变成一只杜鹃鸟成功欺骗赫拉，娶赫拉为妻，生下战神阿瑞斯、分娩女神厄勒梯亚、青春女神赫柏、还有火神赫淮斯托斯。赫拉嫉妒宙斯不忠，对宙斯喜爱的女性及其子女进行报复（把变成母牛的伊俄驱逐出希腊，不准勒托分娩，设计让塞墨勒自绝，惩罚厄科丧失说话的能力，把赫拉克勒逼疯等）。

达那俄斯的女儿们

**达那俄斯 (Danaus)** ⇨ 伊俄后裔。有 50 个女儿。与同有 50 个儿子,孪生弟埃及国王埃古普托斯关系不和。他从弟弟那里逃出后成为阿尔戈斯国王。后来埃古普托斯的儿子们也来到阿尔戈斯,强迫达那俄斯把女儿嫁给他们。达那俄斯的女儿们遵从父命,在新婚之夜杀死了自己的丈夫(长女除外)。后来她们被惩罚在地狱永无止境地往无底桶里灌水。

被阿耳戈船英雄抓住的塔罗斯

坦达罗斯

**塔罗斯 (Talos)** ⇨ 守护克里特岛的青铜人。由火神赫淮斯托斯铸造。遇到可疑的人便扔石头或烧火,赶走可疑人。

**坦达罗斯 (Tantalus)** ⇨ 吕底亚 (Lydia) 的邻国西庇罗斯 (Sipylus) 王。宙斯之子,珀罗普斯和尼俄伯 (Niobe) 之父。曾经受到众神爱戴,但他烹杀自己的儿子珀罗普斯,邀请众神赴宴食用。宙斯震怒,将他打入冥界,使他站在没颈的水池里却不能喝水;头上有果树,但肚子饿想吃果子却吃不到,永远忍受饥渴的折磨。

戴安娜

**戴安娜 (Diana)** ⇨ 古代意大利树神。在希腊神话中等同于阿耳忒弥斯。

**德伊阿妮拉 (Deianira)** ⇨ 又译得伊阿尼拉，赫拉克勒斯的第二任妻子。希腊剧作家福克勒斯 (Sophocles) 的悲剧《特拉基斯妇女》(Women of Trachis) 把德伊阿妮拉描写成错把毒药当媚药，毒死丈夫，自己也悲伤自杀的悲剧主人公。

赫拉克勒斯抢救被半人马涅索斯抢走的德伊阿妮拉

提索奥努斯与厄俄斯

**提索奥努斯 (Tithonus)** ⇨ 被黎明女神厄俄斯所爱的美少年之一。特洛伊国王拉俄墨冬之子，与普里阿摩斯是兄弟。厄俄斯求宙斯让他不死，但是不能不老。他最后一直衰老到只剩下声音，变成了一只蝉。

**特伊西亚斯 (Tiresias)** ⇨ 又译忒瑞西阿斯、提瑞西阿斯或铁列西阿斯。因为目睹了雅典娜沐浴而被弄瞎了双眼，作为补偿，给了他预言的能力。另一说是因为他触怒了赫拉，所以被弄瞎，宙斯给了他预言的能力和长寿的生命。

奥德修斯正在听
特伊西亚斯（左）预言

特鲁斯

埃勾斯（Aegeus）正在倾听
忒弥斯（左）的神谕

**特鲁斯 (Terra)** ⇨ 罗马神话的大地
母神，等同于希腊神话的盖亚。

**忒弥斯 (Themis)** ⇨
乌拉诺斯和盖亚之女，法律和正义的
女神。十二提坦巨神之一。阿波罗之
前在德尔斐传达神谕。

双耳瓶 (Amphora) ⇨ 古希腊的一种双耳陶瓶，大多两只把手从瓶颈部一直延伸到瓶腹部。主要用于运送和存储葡萄酒、橄榄油、油、谷物等，也用于陪葬。

特耳米努斯 (Terminus) ⇨ 古罗马神话中的"护界神"。地界的界石或界桩的神格化。连所有神都在天帝朱庇特处集合时，特耳米努斯都未移动分寸。

特耳米努斯

忒勒玛科斯 (Telemachus) ⇨ 奥德修斯与柏涅柏之子。为了寻找参加特洛伊战争长年未归的父亲，他向涅斯托尔 (Nestor) 和墨涅拉俄斯等打探，最后终于在伊塔卡岛与父亲相会。他帮助父亲，杀死了所有骚扰母亲的男人。

忒勒玛科斯(左)和母亲柏涅柏在

特里同
选自希腊古代陶
器彩绘

**特里同 (Triton)** ⇨ 又译崔莱顿。海王波塞冬和海后安菲特里忒之子。被表现成一个吹海螺的人鱼形象。

**特里普托勒摩斯 (Triptolemos)** 最早建五谷女神得墨忒耳神庙的厄琉息斯的国王。获得了小麦穗和栽培小麦的秘密。

尼刻
选自希腊古代陶器彩绘

特里普托勒摩斯

**尼刻 (Nike)** ⇨
又译尼克。胜利女神。雅典娜侍从。在罗马神话中对应的是维多利亚 (Victoria)。表现为一位长着翅膀的年轻女性。萨莫特拉斯出土的胜利女神像最为有名 (Winged Victory of Samothrace)。

赫剌克勒斯与涅墨亚狮子搏斗

潘多拉

**涅墨亚狮子(Nemean lion)** ⇨
又译海克力斯。古代希腊常年盘踞在
阿格里斯的涅墨亚地方的一只刀枪
不入的巨狮。赫剌克勒斯经过激烈搏
斗杀死狮子,并以狮皮为甲,以狮头
为盔,参加多场恶战。

**潘多拉(Pandora)** ⇨ 又译潘朵拉。
赫淮斯托斯用粘土做成的第一个女
人。雅典娜赋予他生命,其他众神赠
予使她人类所有诱人的魅力。她成
为普罗米修斯弟弟埃庇米修斯(Epi-
metheus)妻子后下凡到人间,被好奇
心驱使,打开宙斯赠送的那只秘密盒
子,结果从盒子里面立刻飞出贪欲、
中伤、虚荣、瘟疫和祸害等。潘多拉
慌忙盖上盖子,却把还没来得及飞出
来的"希望"关在了里边。

**许阿得斯(Hyades)** ⇨ 降雨精灵宁芙
(Nymph)。曾经养育过宙斯或宙斯之
子狄俄尼索斯。

许阿得斯(上2人)

许癸厄亚和阿斯克勒庇厄斯

**许癸厄亚 (Hygieia)** ⇨ 健康女神。医神
阿斯克勒庇厄斯 (Asclepius) 之女,是人类最
早的护士。阿斯克勒庇厄斯是古希腊英雄,
医生之祖。

**许普诺斯 (Hypnos)** ⇨ 睡神。黑夜女神
倪克斯 (Nyx) 之子。住在一个阳光永远照
不到的阴暗山洞。本是人,但因他想欺骗
宙斯入睡,反而被变成暗夜之鸟。

许普诺斯孪生兄弟死神塔那托斯
(Thanatos)

**赫斯珀里得斯 (Hesperides)** ⇨ 黄昏
出现在天空的赫斯珀洛斯 (Hesperus
金星) 的 3 个女儿。她们管理赫拉在

西方的秘密花园,看守着盖亚送给赫
拉的结婚礼物金苹果树。巨龙拉冬
(Ladon) 帮助她们看管。

赫斯珀里得斯三姐妹

**菲罗克忒忒斯**(Philoctetes) ⇨ 远征特洛伊的勇士。由于被水蛇咬伤，被奥德修斯遗弃在利姆诺斯岛。10年后，希腊军想要大力神赫拉克勒斯赠给他的神弓和箭，便把他强制征召入队。他在杀死特洛伊王子帕里斯，攻克特洛伊城后，流浪意大利南部，建设了许多城市。

被毒蛇咬伤的菲罗克忒忒斯

**菲尼克斯**(Phoenix) ⇨ 养育阿喀琉斯的老英雄。也是欧罗巴之父。与神话中的不死鸟(Phienix)同名。

菲尼克斯(右)与特洛伊美女
布里塞伊丝(Briseis)

福尔图娜 (Fortuna) ⇨ 又译福耳图娜。古代意大利（罗马神话）的命运女神和人格女神，相当于希腊神话中的提喀 (Tyche)。

福尔图娜

**下 / 特洛伊战争的一场面⇨**
阿喀琉斯的儿子奈奥普托勒姆斯 (Neoptole-mus) 正要杀死特洛伊国王普里阿摩斯。普利阿摩斯双手抱头坐着等死，腿上是已经死去的爱孙阿斯蒂阿纳克斯 (Astyanax)。倒在奈奥普托勒姆斯脚下的是特洛伊士兵。摹写于公元前 5 世纪末希腊陶罐彩绘。

特洛伊国王普里阿摩斯（左起第 2 人）

**普里阿摩斯 (Priam) ⇨** 特洛伊战争时的老特洛伊国王。有 50 个儿子。普里阿摩斯信仰心虔诚，性格温厚诚实，深受诸神爱戴，甚至受到敌人爱戴。他反对战争，但却很同情儿媳海伦。他冒险潜入敌阵恳求阿喀琉斯还自己儿子的尸体。他对儿子的爱情打动了阿喀琉斯，阿喀琉斯把赫克特的尸体还给了他。特洛伊城陷落后，普里阿摩斯被奈奥普托勒姆斯杀死。

奈奥普托勒姆斯正要杀死普里阿摩斯

普罗米修斯

**弗洛拉 (Flora)** ➪ 又译芙萝拉。
古罗马神话中掌管草木开花和
青春与欢乐的女神。

弗洛拉

**普罗米修斯 (Prometheus)** ➪ 提坦神族神
明之一。当人和神选择分配献祭牺牲的时候，
他教人类把上等肉盖上牛皮，下等牛骨卷上
牛油，让宙斯选。宙斯上当，选了卷牛油的
下等牛骨，而给人类留下了上等牛肉。知
道被欺骗后，宙斯大怒，作为惩罚不让人类
用火了。普罗米修斯从天上偷火传给人类。
宙斯知道此事大怒，将他锁在高加索山的悬
崖上，每天派鹰去吃他的肝，又让他的肝在
晚上重新长出，使他每日承受被恶鹰啄食肝
脏的痛苦。

赫卡忒

**赫卡忒 (Hecate)** ➡ 奥林帕斯诸神以前的一个大地女神。在维奥蒂亚 (Boeotia) 一带广被信仰。保护审判、集会、战争、比赛、马术、渔业等,给人们带来成功。后被与冥界和夜晚结合,成为妖怪变化的首领,在妖怪游荡的十字路口,安置有三头三身六臂的赫卡忒像,每月都祭献被称作"赫卡忒的晚餐"的狗肉等。

**赫克特 (Hector)** ➡ 又译赫克托耳。特洛伊国王普里阿摩斯与王后赫库芭 (Hecuba) 的长子。安德洛玛刻 (Andromache 又译安卓玛姬) 丈夫。特洛伊战争时期特洛伊方第一勇士。他与希腊方的英雄阿喀琉斯相反,作为一个性格温和,为人正直品格高尚的形象出现在《伊利亚德》中。赫克特虽然英勇善战,但最后还是被阿喀琉斯杀死,尸体被拖在战车后绕城示众。后父亲普里阿摩斯用重金赎回。

阿喀琉斯刺杀赫克特

赫斯提亚

**赫斯提亚 (Hestia)** ⇨ 又译希式铁。克罗诺斯和瑞亚之女。是希腊神话中守护炉灶、掌管家政的处女神。各大城市的集会所都设有献给她的圣火台。赫斯提亚相当于罗马神话中的维斯塔 (Vesta)。但是赫斯提亚在希腊神话中只是一位私家神，而罗马神话中的维斯塔却是一位国家的灶神，与朱庇特同列。

**赫斯珀里得斯 (Hesperides)** ⇨ 看守西方赫拉金苹果圣园的仙女。Hesperides 是"日落处的仙女"之意。一般认为她是夜晚神倪克斯或提坦神阿特拉斯之女。

赫斯珀里得斯

佩涅罗珀

佩涅罗珀 (Penelope) ⇨ 奥德修斯之妻。忒勒玛科斯之母。深谋远虑、忠贞不屈的淑女。特洛伊战争中，丈夫奥德修斯参加战争失踪后，近邻诸侯纷纷求婚，但她借口等给公公拉厄耳忒斯织好衣服就答应，她白天织衣，晚上拆线，如此拖延三年。后来她又提出谁能用奥德修斯的弓箭射穿 12 只斧头就嫁谁，结果没有任何一个人能做到。最终已经沦落成乞丐的奥德修斯出现，拉弓射箭，杀死了那些求婚者，夫妇两人时隔 20 年终于再会。

赫伯

赫伯 (Hebe) ⇨ 又译希比或希碧。宙斯和赫拉之女。青春女神。作为诸神的宴会侍女，负责给诸神斟琼浆玉液 (nectar)。后升天嫁给了大英雄赫拉克勒斯。

赫淮斯托斯 (右) 与精灵萨提尔 (Satyr)

赫淮斯托斯 (Hephaestus) ⇨ 火神和匠神。等同于罗马神话中的武尔坎努斯 (Vulcanus)。宙斯与赫拉之子。被宙斯失手从奥林匹斯山摔下，跌到利姆诺斯岛上后成了瘸子。他在天上为诸神锻造宝冠、武器、战车、宝石等，还为自己制作了两具精巧的机器人。潘多拉也出自他手。娶阿佛洛狄忒为妻，但却发现阿佛洛狄忒与阿瑞斯私通。赫淮斯托斯遂编织一张看不见的网抓住了正在做欢的两人。

**赫拉克勒斯的十大伟业**
⇨ **1.** 杀死涅墨亚山中的妖狮，**2.** 杀死九头蛇海德拉，**3.** 活捉厄律曼斯山野猪，**4.** 捕获柯律涅亚牝鹿，**5.** 杀死斯廷法利斯湖怪鸟，**6.** 清扫奥革阿斯牛厩，**7.** 夺取亚马逊女王的腰带，**8.** 制伏狄俄墨得斯的食人牝马，**9.** 制伏克里特公牛，**10.** 牵回革律翁的牛群。完成这十大伟业后，他还达成了两件大事：**11.** 摘取赫斯伯利德斯的金苹果，**12.** 活捉刻耳柏洛斯。

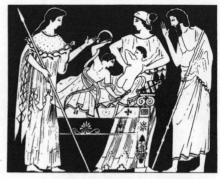

上 / 杀死毒蛇的幼年赫拉克勒斯 中 / 活捉厄律曼托斯山野猪 下 / 赫拉克勒斯与冥府的看门恶犬刻耳柏洛斯

**赫拉克勒斯（Heracles）**⇨ 又译海克力士、海克里斯等。宙斯与阿尔克墨涅之子。力大无比，是古希腊最大的英雄。他还是婴儿时，赫拉为了弄死他给摇篮里放进毒蛇，但却被他掐死。长大成人后与底比斯国王克瑞翁之女墨伽拉结婚，但由于受到赫拉的诅咒，他发疯杀死了自己的孩子。清醒后他听从德尔菲的神谕，为了赎罪，他被迫给从弟欧律斯透斯当了奴隶，10 年做成 12 件大事后终于升天，与赫拉和解。

逃出冥府的
泊尔塞福涅(中)

**泊尔塞福涅 (Persephone)** ⇨ 又译普西芬妮或泊瑟芬。古罗马神话名为普洛塞庇娜 (Proserpina)。主神宙斯和榖物女神得墨忒耳之女。她长相甜美，在采花途中被冥王哈得斯绑架到冥界与哈得斯结婚，成为统治冥界的黑暗女王。

赫尔墨斯(右)引
导三女神去找特
洛伊王子帕里斯

**赫耳墨斯 (Hermes)** ⇨ 又译赫密士或荷米斯。宙斯的小儿，母亲是阿特拉斯长女迈亚。主掌商业、畜牧、旅行、盗窃等的神灵。生性喜搞恶作剧，刚生下来就偷跑出门，偷了哥哥阿波罗的50头牛，穿上树皮鞋(或说向后牵走)，把牛藏到了森林里。他把其中两头牛杀掉作为牺牲祭品，取出内脏做成琴弦，系在龟甲上做成竖琴。找牛的阿波罗给父亲宙斯告状，赫尔墨斯把竖琴送给阿波罗，作为交换条件他得到了那些牛。他设计杀死了守卫伊俄的巨人阿尔戈斯后被诸神投票决定命运，结果表示无罪的小石头堆积如山。由此人们认为赫尔墨斯的神灵就依附在路边的小石山中，所以赫尔墨斯也就成了旅行者的守护神。宙斯命他做地下神的侍从，所以他还有一个任务就是引导死者的灵魂去冥府。在罗马神话中等同于墨丘利(Mercury)。在炼金术中指的是水银，在占星术中指的是水星。

柏勒洛丰骑着珀伽索斯
击败怪兽喀迈拉

**珀伽索斯(Pegasus)** ⇨ 美杜莎(Medusa)

被珀耳修斯割下头颅时，从美杜莎肩膀生出来的长有翅膀的天马。据说只要珀伽索斯踏过的大地就会冒出泉水。珀伽索斯在珀瑞倪泉饮水时被柏勒洛丰抓获后被驯服，后他帮柏勒洛丰冒险。柏勒洛丰希望升天，但他却把柏勒洛丰从背上摔落，由此他进到奥林匹斯山中，成为诸神的神马。

**柏勒洛丰(Bellerophon)** ⇨ 西西佛斯

的孙子。他在不知情的情况下携带杀害自己的命令前往吕基亚国王处，被命令展开有生命危险的冒险。他获得珀伽索斯，成功击退怪兽喀迈拉，杀死苏厘米(Solymi)，制伏亚马逊族。国王敬佩他的勇猛，把自己女儿嫁给他，并把王国也禅让给他。但因他粗心大意，最后却从天马珀伽索斯背上掉下摔死。

帕里斯引诱海伦(中)出来

佩琉斯(右起第 2 人)与忒提丝结婚

**佩琉斯 (Peleus)** ⇨ 艾伊娜岛王埃阿科斯之子。因为杀死了同父异母兄,亡命佛提亚。后又无意中杀死人,最后逃到了伊尔克斯。因为拒绝王子妃艾斯提达米亚 (Astydameia) 的求爱惹下麻烦。最后他与忒提丝结婚,生下阿喀琉斯。

**海伦 (Helen)** ⇨ 宙斯与勒达之女。希腊最美的女人。少女时期被忒修斯 (Theseus) 抢劫。归国后从众多求婚者中抽签选中迈锡尼王子莫奈劳斯 (Menelaus 或墨涅拉俄斯),但海伦却被特洛伊王子帕里斯抢走,由此爆发特洛伊战争。10 年后特洛伊城陷落,海伦与莫奈劳斯经过放浪之旅,终于回到故乡,过上幸福生活,后成为不死之身。另一说是死后与阿喀琉斯结婚,还有一说是上吊自杀。

珀罗普斯抢走希波达弥亚

珀罗普斯 (Pelops) ⇨ 坦塔罗斯之子。父坦塔罗斯杀死自己的儿子要给诸神吃，但诸神却复活了珀罗普斯。他骑乘海神波塞冬赠送给自己的马和战车，前往厄里斯，向王女希波达弥亚 (Hippodamia) 求婚。父王俄诺玛斯 (Oenomaus) 要求求婚者与自己赛车，败者都被他杀死。但到珀罗普斯的时候，马丁在国王的车轮上做了手脚，国王落马摔死。珀罗普斯遂与王女结婚，继承了王位。他郑重埋葬了先王，并在奥林匹亚的旷野召开了竞技大会。有说法认为此即为奥林匹克运动会的起源。

波塞冬 (Poseidon) ⇨ 克洛诺斯和瑞亚的小儿子。弟兄三人平分父亲的支配权，波塞冬抽到大海，成为支配大海和湖泊的神，同时也是地震、山泉、河川、牛马的神，其威严仅次于宙斯。相当于罗马神话的尼普东 (Neptune)。波塞冬住在海底的宫殿里，乘坐金鬃铜蹄白骏马所曳云车，手持三叉戟，率领海中的怪物巡行。与妻安菲特里忒 (Amphitrite) 生下人鱼特里同，与女妖美杜莎生下天马珀伽索斯。同时他还是其他怪物以及粗鲁人的父亲。

波塞冬

波吕斐摩斯 (Polyphemus) ⇨ 吃人的独眼巨人，海神波塞冬和之子。

被戳瞎眼睛的波吕斐摩斯(右)

**迈那得斯(maenads)** ⇨ 在罗马神话中被称为巴克坎忒斯或梯伊阿得斯。陶醉在酒神狄俄倪索斯的秘密仪式中的女追随者。她们身穿兽皮,头戴狐狸帽,在山野里狂奔,把树连根拔起,把野兽四分五裂,大啖兽肉。她们跟随酒神游走在吕底亚、弗里吉亚、希腊各地,残忍杀死底比斯君主彭透斯(Pentheus)、俄耳甫斯(Orpheus)等。她们与精灵萨堤尔游戏和制造葡萄酒的形象成为后世美术绘画的题材。

迈那得斯

希腊古代陶罐彩绘摹写

**玛尔叙阿斯(Marsyas)** ⇨ 又译马西亚斯、玛耳绪阿斯等。精灵萨堤尔之一。佛里吉亚地区的保护神。他拾到雅典娜扔掉的两只笛子,越吹笛艺越高,逐向阿波罗提出挑战。比赛时阿波罗把竖琴弦上下颠倒演奏,而他却不能把笛子颠倒演奏,所以在缪斯的审判中被判输,后被阿波罗活剥,并用剥下的皮做成了大鼓。

**玛尔斯(Mars)** ⇨ 罗马神话的战神。相当于希腊神话中的阿瑞斯。古罗马在3月(玛尔斯之月)和10月均举行祭礼,似乎也被看做农业神。另外,还被认为是建立罗马的罗穆卢斯和瑞摩斯的父亲。圣兽是狼。

**迈达斯(Midas)** ⇨ 又译米达斯、弥达斯。弗里吉亚传奇性国王。因为他热情款待并送回了迷路的酒神狄俄倪索斯的老师西勒诺斯(Silenus),酒神答应可以给予他任何想要的东西。他要了点石成金的双手。但是他马上就会发现,连食物都会变成黄金,无奈他只能请求酒神狄俄倪索斯收回点石成金术。另外,他在当阿波罗和牧神潘(一说认为是玛尔叙阿斯)音乐比赛的裁判时,判了潘(Pan)优胜,触怒了阿波罗,被阿波罗将双耳变成驴耳。这一秘密只有国王的理发师知道,但理发师实在忍受不住,就给地挖一个坑,对着坑说出。结果从那坑里长出了芦苇,每有风吹,芦苇就把秘密说出来。

玛尔斯 罗马时代浮雕摹写

变成驴耳朵的迈达斯王(中)

希腊古代陶罐彩绘

弥涅耳瓦 罗马时代的雕刻摹写

**弥涅耳瓦(Minerva)** ⇨
又译密涅瓦、米奈娃。智慧女神,掌管技术,是艺术家和手工艺人的保护神。与朱庇特和朱诺并称三神。祭祀在卡比托利欧山(Capitoline Hill)的神庙里。相当于希腊神话的雅典娜。

**米诺斯(Minos)** ⇨ 又译弥诺斯等。克里特传奇性国王。宙斯和欧罗巴之子。与太阳神赫利俄斯之女帕西淮(Pasiphae)结婚,生下阿里阿德涅(Ariadne)、淮德拉(Phaedra)等子女。妻子帕西淮爱上了波塞冬送的白牛,在建筑师代达罗斯(Daedalus)的帮助下生下怪兽弥诺陶洛斯。米诺斯下令让雅典人每年送 7 对童男童女给怪兽供其食用。

**弥诺陶洛斯(Minotaur)** ⇨ 牛头人身的怪兽。克里特国王米诺斯之妻帕西淮与白牛发生关系生下的怪物。居住在代达罗斯建筑的地下迷宫里,以人肉为食。后被忒修斯杀死。

忒修斯(左)杀死弥诺陶洛斯(中),右为米诺斯王

**缪斯女神** ⇨ 左起 克利俄、塔利亚、埃拉托、欧忒耳佩、波吕许
莫尼亚、卡利俄佩、忒耳普西科瑞、乌拉尼亚、墨尔波墨涅

**美狄亚(Medea)** ⇨ 科尔喀斯国王埃厄忒斯之女。一位容貌娇
美的魔女。丈夫伊阿宋(Jason)想跟科林斯公主结婚要跟她
离婚,暴怒的美狄亚杀死了科林斯王和公主,还杀死了丈夫伊
阿宋及其他们的两个孩子,然后逃到雅典城,嫁给了国王埃勾
斯。为了让与埃勾斯生下的孩子墨多斯当上科尔喀斯王,她
又杀死了篡夺了埃厄忒斯王位的叔父。

美狄亚(左 2)给国王珀利阿斯及其
女儿们演示魔锅煮公羊恢复青春法

**缪斯女神 (Muse)** ⇨ 宙斯与谟涅摩叙涅 (Mnemosyne) 生下的九个女儿。罗马时代后期确定了她们各自所执掌的领域。克利俄 (历史)、塔利亚 (喜剧)、埃拉托 (爱情、独唱)、欧忒耳佩 (音乐)、波吕许莫尼亚 (颂歌等)、卡利俄佩 (英雄史诗)、忒耳普西科瑞 (合唱、舞蹈)、乌拉尼亚 (天文、占星)、墨尔波墨涅 (悲剧)

墨涅拉俄斯 (中) 与帕里斯决斗

**墨涅拉俄斯 (Menelaus)** ⇨ 斯巴达国王。海伦的丈夫。阿伽门农之弟。特洛伊战争中他几乎要杀掉帕里斯，但却被女神阿芙罗黛蒂阻挠。他后来原谅了私奔的海伦，两人放浪多年后回到故乡过上幸福生活。

麦莱亚戈

**麦莱亚戈 (Meleager)** ⇨ 又译墨勒阿格。卡吕冬国王俄纽斯与阿尔泰亚之子。巨型野猪糟蹋国土，他召集大家一起狩猎野猪。虽然他自己最后杀死了野猪，但他认为女猎人阿塔兰塔 (Atalanta) 发挥了关键性作用，把奖品赠给了阿塔兰塔。由此引发一起狩猎的两个舅舅不满，最终他杀死了两个舅舅。母亲大怒，把代表麦莱亚戈生命的火棒扔进火里，火棒燃尽，麦莱亚戈死去。

双面神雅努斯
古罗马货币

朱诺

**雅努斯(Janus)**⇨罗马古代宗教神祇。是守卫城门、家门的门神，长有前后两张面孔。雅努斯神庙大门打开时表示开战，大门紧闭时表示和平。门是一切事情的开始，所以 1 月被称为雅努斯月(January)。

**朱诺(Juno)**⇨古罗马女神。女性的保护神。与朱庇特、弥涅耳瓦并为罗马人最为崇拜之神。相当于希腊神话的赫拉。

朱庇特

**瑞亚(Rhea)**⇨提坦族巨神之一。克洛诺斯之妻，与克洛诺斯生下赫拉、哈德斯、波塞冬等。常被视同于大地女神盖亚。

**拉俄墨冬(Laomedon)**⇨特洛伊君主，普利阿莫斯之父。诱骗阿波罗和波塞冬给自己建筑特洛伊城，但没有付报酬，发觉后被海怪捣毁了国土。

**朱庇特(Jupiter)**⇨又译朱比特。古罗马主神。供奉在罗马的卡比托利欧山的朱庇特神庙里。相当于希腊神话的宙斯。其实两个名字的起源相同，都是印欧语的 Dyaus Pita (意为天、光)。

**右页下左起 /** 廷达瑞俄斯王与勒达、孕有海伦的鹅蛋、孪生兄弟狄俄斯库里

拉尔

拉俄墨冬与女儿赫西俄涅(Hesione)

**拉尔 (Lares)** ⇨ 罗马的家庭守护
神。与佩纳提斯 (Penates) 一起
祭祀，守护家庭和家人。

瑞亚

**勒达 (Leda)** ⇨ 斯巴达国王廷达瑞
俄斯之妻。爱上变成天鹅的宙斯，
与宙斯生下两个天鹅蛋。从一只蛋
中孵化出海伦和波鲁克斯 (Pollux)，
另一只蛋孵化出卡斯托耳 (Castor)
和克吕泰涅斯特拉。

波罗（左）和阿尔忒
弥斯搭救被巨人提
提俄斯（Tityos）抢
走的母亲勒托

# 勒托 Leto

提坦神科俄斯（Coeus）与福柏
（Phoebe）之女。勒托亦被称为提坦
神之一。爱上宙斯，受到宙斯妻赫
拉嫉妒，无处生产，最后在提洛岛产
下阿波罗和阿尔忒弥斯。

# 文字●纹样

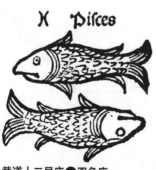

黄道十二星座●双鱼座

# 文字

与意思相结合，表现特定语言的符号。分1字1意的单语文字、或说语素文字（如汉字）和表音文字，后者还分1字1音的单音节文字（比如日语的假名）和1字仅表现发音要素的音素文字（比如拉丁字母）。字形有象形文字、锲形文字、方形文字等。古埃及的象形文字系统一般认为经过闪米特语系的腓尼基字母衍生出希腊字母和罗马字母。而后这两种字母伴随着基督教的普及，成为近代西欧各语言的文字基础。比如俄语字母就是以希腊字母为基础发展而来的。再比如日耳曼语族最古的碑文卢恩字母大致应该是拉丁字母系统，乌尔菲拉（Wulfila）翻译《圣经》创造的哥德字母（Gothic alphabet）是参照希腊字母创造的。但是也有凯尔特（Celt）语的欧甘字母（Ogham）碑文那样来历不明的字母。象形文字除了埃及以外，古代从小亚细亚到克里特岛一带都使用过。楔形文字从古代苏美尔、亚述、到赫梯（Hittite）帝国，还有古代波斯帝国的皇帝们留下来的大碑文都有使用，一般来说属于音节文字。此外，闪语系列的阿拉伯字母随着伊斯兰教从波斯流传到印度。但是印度印度教徒用的文字却属于阿拉米（Aramaic）字母系统。

上／刻在泥板上的克里特岛象形文字中的线形文字B摹写 下／未解读的复活岛古文字。

刻在泥板上的线形文字A
阿基亚特里亚达修道院出土

汉代虎符

# 汉字

3000 年以前在中国发明的表记汉语的表意文字。源自象形和抽象概念的象征等。后汉许慎所著《说文解字》把汉字结构用六书分类。现在常用的字体有楷书、行书、草书三种，其余还有几种书体。汉字是 1 字 1 音表示 1 意，形、音、意为汉字的三要素。汉字与中国文化一起传播到中国周边民族。

左起"虎"字的图像、金文、甲骨文

# 甲骨文

主要指中国殷代刻在占卜用龟甲及兽骨上的文字。文字被用锐利的刀具刻在削平的龟甲或兽骨上。殷墟出土大量甲骨文，记载着殷朝历代帝王的姓名，帝王的顺序与文献记载的世系基本一致。占卜师用火烤甲骨和兽骨，看背面的裂纹占卜，甲骨上刻的就是占卜的记录。一般都是关于祭祀、战争、狩猎、疾病、生死、祈雨、丰作凶作等。清朝末期罗振玉、王国维等研究并解读，民国革命后以董作宾为中心的中央研究院发掘并研究，进一步发展了甲骨学。

董作宾书写的甲骨文

# 楔形文字

苏美尔、亚述、赫梯，以及古代波斯帝国等古代东方民族广泛使用的文字。大多用有角的木棒刻在泥板上，形状呈楔形，故名。一般从左向右横写，大多是有子音的音节文字，也有表现单独母音的文字。公元前3000年前后苏美尔人发明的时候是象形文字。

楔形文字
意为"大王，强大之王，万物之王……"

**腓尼基文字** ⇨ 表记腓尼基语的表音文字。由表现子音的22个字母组成，从右向左横写。出土于塞浦路斯岛和迦太基的碑文虽然有些相象，但基本一样。通过希腊人的传播，成为今日拉丁字母的起源。

上 / 腓尼基文字 塞浦路斯岛出土碑文 下 / 维吾尔字母 前连书体、前后连书体、后连书体，分别指的是字词的开始、中间、最后。

| | | | | | | | | | | |
|---|---|---|---|---|---|---|---|---|---|---|
| **土耳其斯坦的摹写** | 前连书体 | | | | | | | | | |
| | 前后连书体 | | | | | | | | | |
| | 后连书体 | | | | | | | | | |
| **《福乐智慧》** | 前连书体 | | | | | | | | | |
| | 后连书体 | | | | | | | | | |
| **音 值** | | a, e | | o, ö, u, ü | g, χ | g, k | i, j | r | l | |

楔形文字的
原始形式与
发展

| | 原始象形文字 | 杰姆代特·奈斯尔 (Jemdet Nasr) 文字 | 古巴比伦文字 | 亚述文字 |
|---|---|---|---|---|
| 鸟 | | | | |
| 鱼 | | | | |
| 驴 | | | | |
| 牛 | | | | |
| 太阳 | | | | |
| 锄 | | | | |
| 足 | | | | |

托特

**托特(Thoth)** ⇨ 又译透特或图特，鹮(像朱鹮的一种鸟)首人身，古埃及神话的智慧之神，是知识、技术、艺术的统治者，同时也是天界的宰相、记录、判官。有时以狒狒形象做月神出现，古代希腊人视作赫尔墨斯。

**维吾尔文字** ⇨ 维吾尔族使用的文字。大致是从伊朗语系的舒特文字母演变而来。蒙古文字也由此演变而来。8世纪作为表记突厥语的文字使用，成吉思汗时代成为公用文字。当初从右向左横写，后变成由左向右竖写。

| | | | | | | | | | |
|---|---|---|---|---|---|---|---|---|---|
| | | | | | | | | | |
| | | | | | | | | | |
| | | | | | | | | | |
| | | | | | | | | | |
| $d, t$ | $\check{c}, \check{g}$ | $s$ | $\check{s}$ | $z$ | $n$ | $b, p$ | $w, f$ | $m$ | $?$ |

# 拉丁字母 alphabet

表记语言用的一连串表音文字。名称是希腊语最初的两个字母 α (alpha) 和 β (bet) 结合而成。所以狭义上指的就是希腊字母、拉丁字母及其系统的字母。从古代人的记录上能看出应该是起源于闪米特语族文字，但之前的历史并不明了了。有一说认为与埃及象形文字有渊源关系。

**罗马字**⇨ 一般指英语的 26 个字母，因为来自于罗马人使用的拉丁字母。拉丁字母一般认为是希腊文字中西希腊系统的字母传到伊特鲁里亚，拉丁人接受后经过改良而成。现在欧洲的大部分语言以及印度尼西亚语、土耳其语、越南语等使用。

| 埃及 | 字母 | | | | | | |
|---|---|---|---|---|---|---|---|
| | 音值 | 3 | i | y | ʿ | w | b |
| 古闪米特 | 字母 | | | | | | |
| | 音值 | ʾ | b | g | d | h | w |
| 希腊(最古) | 字母 | | | | | | |
| | 音值 | a | b | g | d | e | w,y |
| 希腊 | 字母 | A B Γ Δ E Z | | | | | |
| | | α β γ δ ε ζ | | | | | |
| | 音值 | a | b | g | d | e | z |
| 拉丁 | 字母 | A B C D E F | | | | | |
| | | a b c d e f | | | | | |
| | 音值 | a | b | k | d | e | f |

上 / 拉丁字母的变迁
下 / 古埃及文字

| 意思 | 象形文字 | 僧侣体 | 世俗体 |
|---|---|---|---|
| 法老 | | | |
| 父亲 | | | |
| 活 | | | |
| 搬运 | | | |
| MS | | | |
| S | | | |

# 象形文字 Hieroglyphic

仿照物体形状创造的文字。从图画文字发展而来的单字文字。世界最早的象形文字是苏美尔文字，出现在公元前 3100 年前后的美索不达米亚南部。克里特文字、赫梯文字、汉字也是作为象形文字发展而来的。代表性的象形文字是古代埃及 Egyptian hieroglyphs（圣书体，或称碑铭体、正规体），西方人说象形文字大多仅特指此文字。

文字●纹样

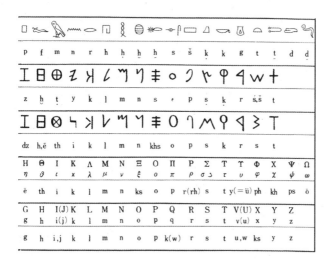

p f m n r h ḥ ẖ h̲ s š ḳ k g t t̲ d d̲

z h̲ ṯ y k l m n s ʿ p ṣ ḳ r š t

dz h,ē th i k l m n khs o p s ḳ r s t

| H | Θ | I | K | Λ | M | N | Ξ | O | Π | P | Σ | T | Y | Φ | X | Ψ | Ω |
|---|---|---|---|---|---|---|---|---|---|---|---|---|---|---|---|---|---|
| η | ϑ | ι | χ | λ | μ | ν | ξ | o | π | ρ | σς | τ | υ | φ | χ | ψ | ω |
| ē | th | i | k | l | m | n | ks | o | p | r(rh) | s | t | y(=ü) | ph | kh | ps | ō |

| G | H | I(J)K | L | M | N | O | P | Q | R | S | T | V(U)X | Y | Z |
|---|---|---|---|---|---|---|---|---|---|---|---|---|---|---|
| g | h | i(j) k | l | m | n | o | p | q | r | s | t | v(u) x | y | z |
| g | h | i,j k | l | m | n | o | p | k(w) | r | s | t | u,w ks | y | z |

**希伯来文字** ⇨ 表记希伯来语的文字。与腓尼基文字属于同一系统。由 22 个字音字母组成，从右向左横写。公元前 1400 年前后希伯来人进入迦南地区后创造出来。希伯来语成为宗教用语后，发明母音记号，附加到子音后使用。

**古埃及文字** ⇨ 古代埃及使用的象形文字，被认为是现用拉丁字母的祖先。约由 600 个字组成，包含音符、意符、附加符等 3 种字符。一般从右向左书写。随着时代的进步，出现简体字，被称作僧侣体（Hieratic）、世俗体（Demotic 或称大众体），后者一直使用到 5 世纪前后。

希伯来文字母

| 字母 | 罗马字化 | 名称 | 现代罗马字 |
|---|---|---|---|
| | | ʾāleph | A |
| | b | bêth | B |
| | g | gîmel | G |
| | d | dāleth | D |
| | h | hē | E |
| | w | waw | V |
| | z | zayin | Z |
| | ḥ | ḥēth | H |
| | ṭ | ṭēth | |
| | y | yôdh | I |
| | k | kaph | K |
| | l | lāmedh | L |
| | m | mēm | M |
| | n | nûn | N |
| | s | sāmekh | |
| | ʿ | ʿayin | O |
| | p | pē | P |
| | ṣ | sādhe | |
| | q | qôph | Q |
| | r | rêš | R |
| | s | sîn | S |
| | t | tāw | T |

| 闪米特语(希伯来语)名称 | 腓尼基字母 | | 初期希腊语字母 | 爱奥尼亚语字母 | | 希腊语名称 |
|---|---|---|---|---|---|---|
| ālāf | K | ⼗ | A ✚ Ⱄ | A | ⍺ | alpha |
| bēt | ⅁ | ⅁ | ⌐ ⌐ | B | β | beta |
| gīmāl | ⅂ | ⅂ | Γ ⅄ | Γ | γ | gamma |
| dālaṯ | ◁ | (◁) | △ | Δ | δ | delta |
| hē | ∃ | (⇂) | ⪫E E | E | ε | ei(epsilon) |
| wau | Y | | ⪫ | | | wau, digamma |
| zayin | I | ⊐ | I (Z) | I | ζ | zeta |
| hēt | ⻐ | ⻐(⻐) | ⊟ | H | η | eta |
| tēt | ⊕ | | ⊕ | Θ | θ | theta |
| yod | ⊋ | | ⟡ S | ⊖I | ι | iota |
| kaf | ψ | ⼃ | K | K | κ | kappa |
| lāmād | ↳ | | ∧ | ∧ | λ | lambda |
| mēn | ⟋ | ⟋⟍ | ⟋⟍ M | M | μ | mu |
| nūn | ⟋ | ⟍⟍ | N | N | ν | nu |
| sāmāk | ⟙ | | (⫪ ⟟) | Ξ | ξ | xei(xi) |
| ayin | O | | O | O | o | ou(omikron) |
| pē | Ⲅ | | ⌐ | Π | π | pei(pi) |
| sādē | ⟙ | | M | | | san |
| kof | Φ | | Φ | | | koppa |
| rēš | ⅁ | | P | P | ρ | rho |
| šin | W | | ⟨ ⟩ | Σ | 6s | sigma |
| tau | ✚ | X | ⟙ | T | τ | tau |
| | | | V | Y | υ | y(ypsilon) |
| | | | Φ | Φ | φ | phei(phi) |
| | | | X | X | χ | khei(khi) |
| | | | | Ψ | ψ | psei(psi) |
| | | | | Ω | ω | o(omega) |

上 / 希腊字母的变迁

右页上 / 塞浦路斯字母及其解读后的音值

下 / 克里特字母　线形文字 B 及其音值

| da | ro | pa | te | to | na | di | a | se | u | po | so | me |

| mu | ne | a₂ | ru | re | i | pu₂ | ni | sa | qo | ra₃ | | |

| de | je | n'wa | | pu | du | no | ri | wa | nu | pa₃ | ja | |

| ki | ro₂ | tu | ko | ᴅe | mi | ze | we | ra₂ | ka | qe | zu | |

文字●纹样

| | | | | | | | | | |
|---|---|---|---|---|---|---|---|---|---|
| a | ✳ | e | ✳ | i | ✱ | o | ⋎ | u | ˠ |
| ka | ⌔ | ke | ⤬ | ki | ⟰ | ko | ∧ | ku | ✳ |
| ta | ├ | te | ↓ | ti | ↑ | to | F | tu | Ⅲ |
| pa | ╪ | pe | ∫ | pi | ⟁ | po | ⌇ | pu | �џ |
| la | ⋁ | le | 8 | li | ∠ | lo | † | lu | ⌂ |
| ra | ⋁ | re | ⟑ | ri | ⋗ | ro | Ⴒ | ru | ⌇ |
| ma | ⋊ | me | ⋇ | mi | ⋎ | mo | ⊕ | mu | ⋊ |
| na | ☰ | ne | ⷬ | ni | ⟋ | no | ⟍ | nu | ⌇ |
| ja | ᴑ | | | | | jo | ⋎ | | |
| wa | ⋈ | we | ⊥ | wi | ⋊ | wo | ⋀ | | |
| sa | ⋁ | se | ⌐ | si | ⌂ | so | ⋎ | su | ⟊ |
| za | ⋈ | | | | | zo | ∥ | | |
| | | xe | ⴠ | | | | | | |

**希腊文字**⇨ 公元前 10 至前 9 世纪前后希腊人为表记自己的语言，借用腓尼基字母，经过加工改良而成的文字。有东西两个系统，雅典于公元前 403 年采用了东系的 24 个字音系统后逐渐统一。最早所有字母都是大写，后来逐步发展出小写以及音标符号、分写等。

**塞浦路斯文字**⇨ 一种估计与迈锡尼文书的线形文字属于同一系统的音节文字。公元前 6 世纪至 3 前世纪的碑文，有一部分是用希腊语书写的，但还有许多没有解读。约有 55 个字母，无母音长短、子音清浊、气音有无的区别。子音也不能连续表记，故非希腊人发明。

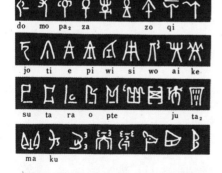

do mo pa₂ za zo qi
jo ti e pi wi si wo ai ke
su ta ra o pte ju ta₂
ma ku

**克里特文字**⇨ 或称米诺斯文字。一般是公元前 2 千年在克里特与迈锡尼文化圈使用的文字的总称。有象形文字 (公元前 1700 年以前) 和线形文字 A、线形文字 B。A 属于公元前 1800 年到前 1500 年前后，小亚细亚的印欧语系或闪米特语系，但并未解读。B 是基于 A 创作的书体，文特里斯 (Michael Ventris) 成功解读，确认为希腊语。

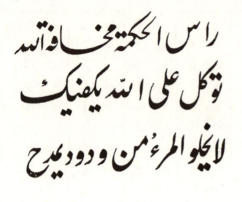

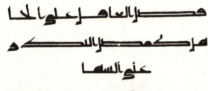

上／阿拉伯文字 手写体 下／阿拉伯文字
印刷体 右／阿拉伯字母名称和音值

右页下／萨珊王朝（Sasanid Empire）公用
语巴列维文字

**阿拉伯文字**➡️北闪米特语系阿拉
米语属字母，由 28 个子音组成。
与其他闪米特语系文字同样，从
右向左横写，被用于阿拉伯语、
近代波斯语（伊朗语）、印度语、
马来语等的表记。成立于 4 世纪
末或 5 世纪。使用的广泛成都仅
次于拉丁字母。

| 字母 | 名称 | 音值 |
|---|---|---|
| ا | alif | ' |
| ب | bā | b |
| ت | tā | t |
| ث | thā | th |
| ج | jīm | j |
| ح | ḥā | ḥ |
| خ | khā | kh |
| د | dāl | d |
| ذ | dhāl | dh |
| ر | rā | r |
| ز | zā | z |
| س | sīn | s |
| ش | shīn | sh |
| ص | ṣād | ṣ |
| ض | ḍād | ḍ |
| ط | ṭā | ṭ |
| ظ | ẓā | ẓ |
| ع | 'ain | ' |
| غ | ghain | gh |
| ف | fā | f |
| ق | qāf | q |
| ك | kāf | k |
| ل | lām | l |
| م | mīm | m |
| ن | nūn | n |
| ه | hā | h |
| و | wāw | w |
| ي | yā | y |

文字●纹样

| a | b | g | d | ḏ | h | w | z | ḥ | ḫ | ṭ | z̧ | y | k |
|---|---|---|---|---|---|---|---|---|---|---|---|---|---|

| l | m | n | s | o | ġ | p | ṣ | ḍ | q | r | š | t | ṯ |
|---|---|---|---|---|---|---|---|---|---|---|---|---|---|

塞巴 (Sabaean) 字母 ⇨ 南闪米特语
系，被称作南阿拉伯字母。

古代叙利亚语
东部经典体 (Estrangelā) 和
西部手写体 (Sertā)

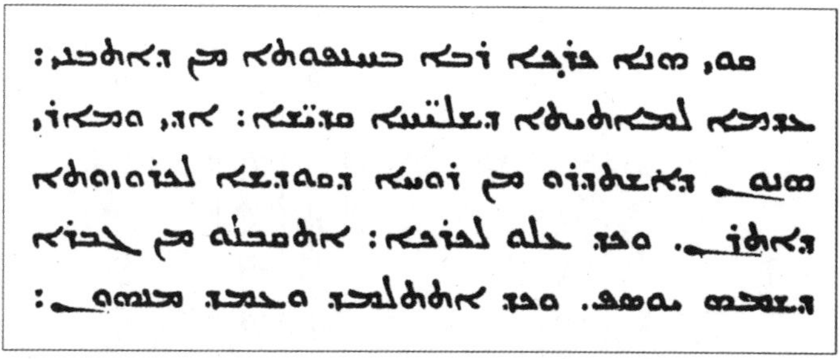

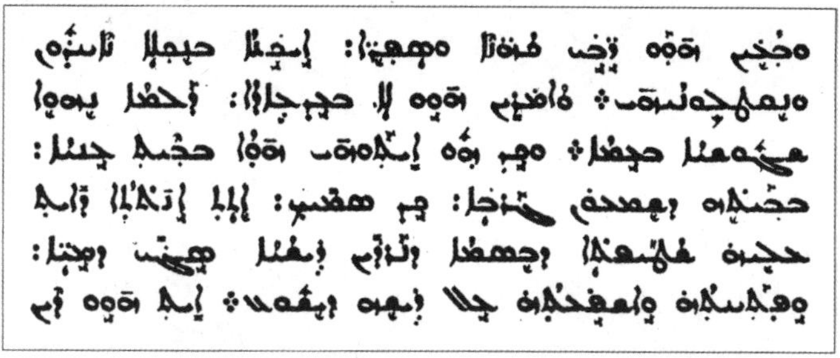

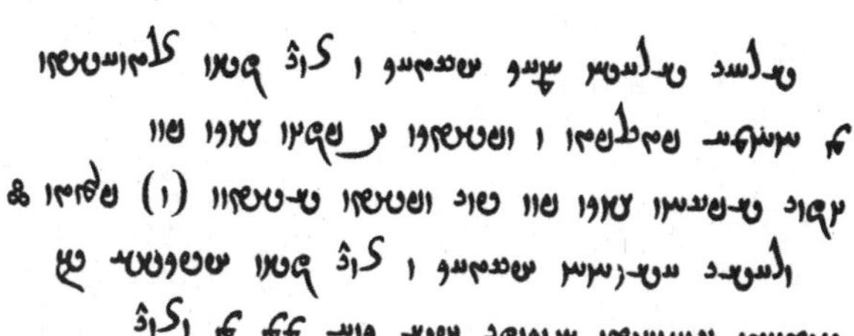

**格鲁吉亚文字**⇨ 高加索语系的一种语言。在高加索语系诸语言中影响最大，以格鲁吉亚共和国为中心使用。5 世纪前后起有文字记录，使用类似于亚美尼亚文字的 33 个特殊字母表记。

格鲁吉亚语字体演变

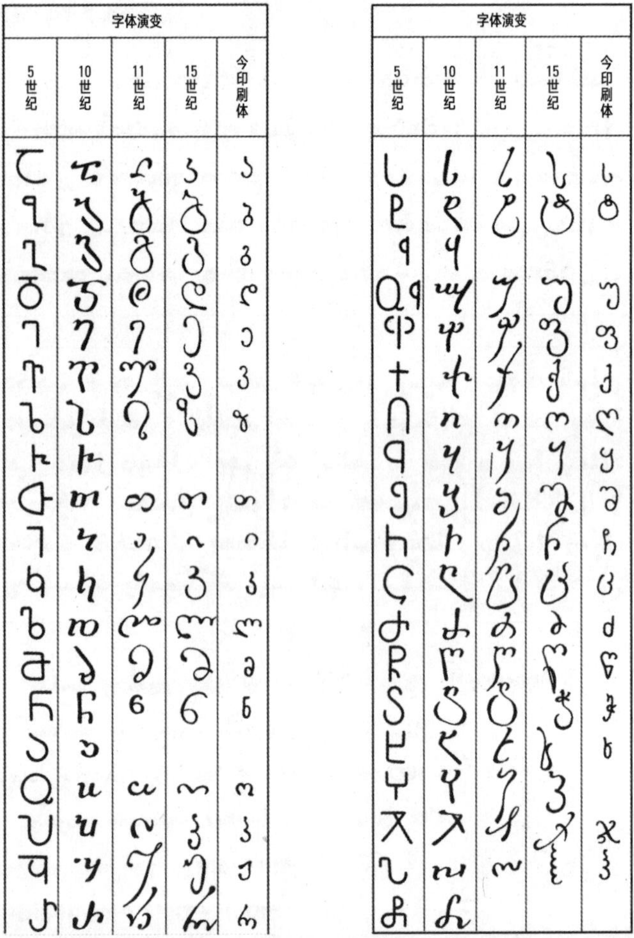

| 字体演变 | | | | | | 字体演变 | | | | |
|---|---|---|---|---|---|---|---|---|---|---|
| 5世纪 | 10世纪 | 11世纪 | 15世纪 | 今印刷体 | | 5世纪 | 10世纪 | 11世纪 | 15世纪 | 今印刷体 |

**俄文**⇨ 上图是 1951 年在大诺夫哥罗德 (Veliky Novgorod) 发掘出土的"白桦文书"摹本。"白桦文书"是用骨片刻写在白桦树皮上的西里尔文字。为 11 世纪文书。

| Λ | Б | В | Г | Δ | Є | Ж | Ꙃ(S) | З | Н | І | К | Λ | М | N | О | П | Р | С | Т | ОУ(Ȣ) | Ꙁ |
|---|---|---|---|---|---|---|---|---|---|---|---|---|---|---|---|---|---|---|---|---|---|
| a | b | v | g | d | e | ž | dz | z | i | i | k | l | m | n | o | p | r | s | t | u | f |

| Ѳ | Х | Ѡ | Ц | Ч | Ш | Ъ | Ꙑ | Ь | Ѣ | Ю | Ѥ | Ѧ(Ѧ) | Ѫ | Ꙗ | Ѩ | Ꙁ | Ѱ | Ѵ(Ѷ) |
|---|---|---|---|---|---|---|---|---|---|---|---|---|---|---|---|---|---|---|
| th | cho | št | c | č | š | b | y | b | ě | ju | ja | je | ę | ǫ | ię | iǫ | ks | ps | ü |

11 世纪的西里尔字母及其音值

**俄罗斯文字**⇨ 9 世纪圣人西里尔 (Cyril)，参考希腊语小写字母，创造了适合于表记斯拉夫语的格拉哥里字母 (Glagolitic alphabet)，其弟子圣克莱门特 (Saint Climent) 使用希腊语大写字母发明了西里尔字母 (Cyrillic script)。两种字母都被古代教会的斯拉夫语文献使用。西里尔字母经过彼得大帝的文字改革被统一，成为今天俄语字母体系的基础。

格拉哥里字母及其音值

| Ⰰ | Ⰱ | Ⰲ | Ⰳ | Ⰴ | Ⰵ | Ⰶ | Ⰷ | Ⰸ | Ⰹ | Ⰺ | Ⰻ | Ⰼ | Ⰽ | Ⰾ | Ⰿ | Ⱀ | Ⱁ | Ⱂ | Ⱃ | Ⱄ | Ⱅ |
|---|---|---|---|---|---|---|---|---|---|---|---|---|---|---|---|---|---|---|---|---|---|
| a | b | v | g | d | e | ž | 3 | z | i | i | i | ǵ | k | l | m | n | o | p | r | s | t |

| Ⱆ | Ⱇ | Ⱚ | Ⱈ | Ⱉ | Ⱋ | Ⱌ | Ⱍ | Ⱎ | Ⱏ | Ⱐ | Ⱑ | Ⱓ | Ⱔ | Ⱕ | Ⱖ | Ⱗ |
|---|---|---|---|---|---|---|---|---|---|---|---|---|---|---|---|---|
| u | f | th | x | ʼw | št | c | č | š | ъ | | y | b | ě | ju | ę | ǫ | ę,ię | iǫ | ü |

| 悉昙字母 | 罗马字母 | 悉昙字母 | 罗马字母 | 悉昙字母 | 罗马字母 |
|---|---|---|---|---|---|
| | a | | kha | | dha |
| | ā | | ga | | na |
| | i | | gha | | pa |
| | ī | | ṅa | | pha |
| | u | | ca | | ba |
| | ū | | cha | | bha |
| | e | | ja | | ma |
| | āi(ai) | | jha | | ya |
| | o | | ña | | ra |
| | āu(au) | | ta | | la |
| | aṃ(aṃ) | | ṭha | | va |
| | aḥ | | ḍa | | ca(śa) |
| | ṛi(ṛ) | | ḍha | | ṣa |
| | r̄(r̄) | | ṇa | | sa |
| | ḷi(ḷ) | | ta | | ha |
| | l̄li(l̄) | | tha | | llaṃ |
| | ka | | da | | kṣa |

| 字母 | | | | | | | | | | |
|---|---|---|---|---|---|---|---|---|---|---|
| 音值 | a | ā | i | ī | u | ū | ṛ | r̄ | ḷ | l̄ |
| 字母 | | | | | | | | | | |
| 音值 | e | ai | o | au | k | kh | g | gh | ṅ | ch |
| 字母 | | | | | | | | | | |
| 音值 | ch,h | j | jh | ñ | ṭ | ṭh | ḍ | ḍh | ṇ | t |
| 字母 | | | | | | | | | | |
| 音值 | th | d | d'h | n | p | ph | b | bh | m | y |
| 字母 | | | | | | | | | | |
| 音值 | v | r | l | ç | sh | s | h | : | • | |

**悉昙文字 (Siddhāmātṛkā)** ⇨

表记梵语的一种书体。记录梵语的发音。古代印度存在婆罗米文系文字和佉卢文系文字两个文字系统，前者伴随佛教，传播到中国和日本，被译作"悉昙文"。印度从 10 世纪前后天城文成立，悉昙文逐渐衰落，今不传。

**梵语 (Sanskrit)** ⇨ 印欧语系的印度 - 伊朗语族的印度 - 雅利安语支的一种语言，梵语是汉语命名称，语言学上称作 Sanskrit。Sanskrit 是"完成的语言"之意。与伊朗语族的古典阿维斯陀语 (Avestan) 以及古代波斯语楔形文字记录的言语在词汇、音韵、语法上相似。古代迁移到印度地区的雅利安人上流阶级使用的吠陀梵语 (Vedic Sanskrit) 是其源流，公元前 5 世纪到前 4 世纪前后，波你尼 (Panini) 以印度西北部的语言为基础完成了梵语语法。

**梵文** ⇨ 印度使用的婆罗米文 (brāhmī) 系文字的汉译名称。在纪元前后，印度存在源自闪米特语族系文字的婆罗米文系文字和佉卢文 (Kharoṣṭhī 又名键陀罗文) 系文字两个文字系统，前者是从笈多王朝使用的笈多 (Gupta) 系文字发展而来的悉昙文字，7 世纪前后进一步发展成城文字 (Nāgarī)，10 世纪发展成天城文字 (Devanagari) 后固定下来。现在印度语、梵文印刷使用的就是这种天城文字。

**右 /** 蒙古文一例
**左页**
**上 /** 悉昙文字母与罗马字母音值
**下 /** 梵文天城文字母及其音值

| | | a | ka | ta | pa | ya |
|---|---|---|---|---|---|---|
| | 阿育王朝文字 | | | | | |
| | 笈多王朝文字 | | | | | |
| 北印度 | 天城文 | | | | | |
| | 古吉拉特文 | | | | | |
| | 孟加拉文 | | | | | |
| | 奥利亚文 | | | | | |
| 南印度 | 坎纳达语 | | | | | |
| | 泰卢固语 | | | | | |
| | 塔米尔语 | | | | | |
| | 藏语 | | | | | |
| | 缅甸语 | | | | | |
| | 泰语 | | | | | |
| | 柬埔寨语 | | | | | |
| | 爪哇语 | | | | | |
| | 望加锡语 | | | | | |
| | 巴塔克语 | | | | | |

**印度语系文字**⇨ 大多东南亚语言
的文字是在印度语文字的基础上
发展变化而成的。

**爪哇文字**⇨ 印度系文字之
一，音素文字兼音节文字，左
向横写。古代刻写在贝叶上。

泰语文字⇨一种单音节文字，由 44 个子音和 28 个母音以及 4 个声调组成。从左向右横写。另外还有固有的数字写法。

| 子音字母 | | | | | | | |
|---|---|---|---|---|---|---|---|
| 字母 | 音值 | 字母 | 音值 | 字母 | 音值 | 字母 | 音值 |
| ก | k | ฌ | tʃʻ | ท | tʻ | ย | j |
| ข | kʻ | ญ | j | ธ | tʻ | ร | r |
| ฃ | kʻ | ฎ | d | น | n | ล | l |
| ค | kʻ | ฏ | t | บ | b | ว | w |
| ฅ | kʻ | ฐ | tʻ | ป | p | ศ | s |
| ฆ | kʻ | ฑ | tʻ | ผ | pʻ | ษ | s |
| ง | ŋ | ฒ | tʻ | ฝ | f | ส | s |
| จ | tʃ | ณ | n | พ | pʻ | ห | h |
| ฉ | tʃʻ | ด | d | ฟ | f | ฬ | l |
| ช | tʃʻ | ต | t | ภ | pʻ | อ | ʔ |
| ซ | s | ถ | tʻ | ม | m | ฮ | h |

上 / 字音表

下 / 母音表

*—为子音字母的位置　** 最下行是声调符号

| 母音字母 | | | | | | | |
|---|---|---|---|---|---|---|---|
| -ะ (-ั) | -า | -ิ | -ี | -ึ | -ื ฺ | เ-ะ (เ-็) | เ- |
| a | a: | ɪ | ɪ: | ɯ | ɯ: | u u: | e e: |
| แ-ะ (แ-็) | แ- | โ-ะ (- -) | โ- | เ-าะ | -อ | | |
| æ | æ: | o | o: | ɔ | ɔ: | | |
| -ัวะ | -ัว (-ว-) | เ-ียะ | เ-ีย | เ-ือะ | เ-ือ | | |
| uə | u·ə | iə | i·ə | ɯə | ɯ·ə | | |
| เ-อะ | เ-อ (เ-อ) | ไ- | ใ- | เ-า | -ำ | | |
| ə | ə: | ai | ai | au | am | | |
| | | ่ | ้ | ๊ | + | | |

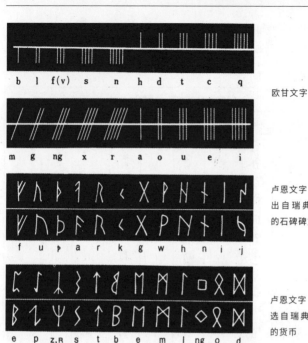

b  l  f(v)  s  n  h  d  t  c  q

欧甘文字

m  g  ng  x  r  a  o  u  e  i

卢恩文字
出自瑞典5世纪
的石碑碑文

f  u  þ  a  r  k  g  w  h  n  i  j

卢恩文字
选自瑞典6世纪
的货币

e  p  z,ℝ  s  t  b  e  m  l  ng  o  d

**欧甘文字 (Ogham)** ⇨ 古代爱尔兰语文献使用的文字。爱尔兰大约残存300件，不列颠群岛大约残存有600件碑文。

> **右／** 在瑞典的乌普萨拉市近郊发现的1050年前后的石碑。石碑上刻有脚穿滑雪板狩猎的图像和卢恩文字。

**卢恩文字 (Runes)** ⇨ 日耳曼民族从3、4世纪前后到中世末期使用的特殊字母。特别在斯堪的纳维亚半岛与不列颠群岛长期使用。其间虽然有些变迁，但基本上由24个字母组成，有许多碑文和抄本留世。有观点认为卢恩字母是哥特人 (Goths) 发明的，但由北意大利的伊特鲁里亚文发展而来一说比较可信。

文字●纹样

**荷鲁斯之眼（Eye of Horus）** ⇨

古代埃及象形文字之一，表示谷
物的计量单位 "Hekat"。眼睛的
各部分表示分数

埃及数字

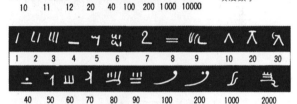

埃及数字
僧侣体

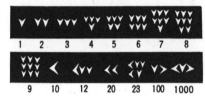

巴比伦数字

希腊数字

| | | | | | | | |
|---|---|---|---|---|---|---|---|
| $\alpha'$ | $\beta'$ | $\gamma'$ | $\delta'$ | $\epsilon'$ | $\zeta$ | $\zeta'$ | $\eta'$ |
| 1 | 2 | 3 | 4 | 5 | 6 | 7 | 8 |
| $\theta''$ | $\iota$ | $\varkappa$ | $\lambda$ | $\mu$ | $\nu$ | $\xi$ | $o$ |
| 9 | 10 | 20 | 30 | 40 | 50 | 60 | 70 |
| $\pi$ | $\mathcal{G}$ | $\rho$ | $\sigma$ | $\tau$ | $\upsilon$ | $\phi$ | $\chi$ |
| 80 | 90 | 100 | 200 | 300 | 400 | 500 | 600 |
| $\varphi$ | $\omega$ | $\pi$ | $\alpha$ | $\beta$ | $\gamma$ | $\overset{\alpha}{\mathrm{M}}$ |  |
| 700 | 800 | 900 | 1000 | 2000 | 3000 | 10000 | |

# 数字

表记数量的文字。最初只在
木头等上刻划数量的线条
等，后经过改良，出现了各
种写法的数字。希腊使用的
是字母。现在常用的阿拉伯
数字源自印度，与汉字数字
同样使用十进位法。五进位
和十进位并用的罗马数字现
在在某些地区还在使用。

**数字的历史⇨**
巴比伦 **左起** /1、10、60、600
古埃及 **左起** /1、10、100、1000
古希腊、古罗马 **左起** /1、5、10、100、500、1000
古代中国 **左起** /1、2、3、4、5、6、7、8、9、10
老挝以下 **左起** /0、1、2、3、4、5、6、7、8、9

巴比伦

古埃及

古希腊

罗马

古代中国

老挝

柬埔寨

缅甸

古印度 (梵语)

阿拉伯

中世欧洲

现在的算用数字

文字●纹样

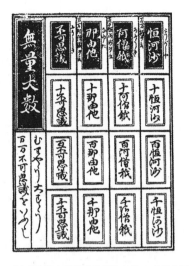

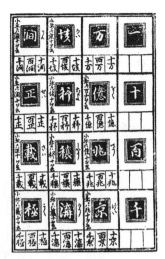

《尘劫记》中列出的数字的名称⇨ 兆以上还有 9 个名称，一直到"极"。而"极"的万万倍是"恒沙和"。最大数是"无量大数"，相当于"不可思议"的的万万倍。

（译注：《尘劫记》是江户时期数学家吉田光由参照中国明朝数学家程大位《算法统宗》解说计量法、算法，于 1627 年刊行的一本数学书，促成了珠算在日本的普及。）

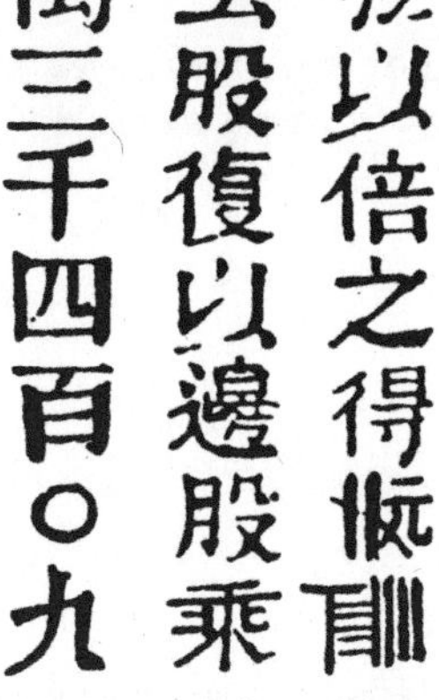

**阿拉伯数字**⇨ 现在通用的数字。最早出现在印度，后传到阿拉伯，改良后传到欧洲，在意大利数学家裴波那契 (Leonardo Pisano Bigollo) 的《计算之书》出版发行后得到普及。

**罗马数字**⇨ 古代罗马使用的数字。现在也被用于号码或钟表时针等。1、5、10、50、100、1000 分别用 I、V、X、L、C、D、M 表示。罗马数字一个特点是右加左减。比如大数字左下有小数字时，表示从大数字上减去小数字的数（比如IX是 9）。

**中国数字**⇨ 右行下两字意为 -2X 和 654，中行上一字为 174。采自《测圆海镜》。

為高弦以倍之得�

刪為專股復以邊股乘

得二萬三千四百〇九

# 结绳

结绳记事或计数的方法。印加帝国时代使用一种叫做奇普 (Quipu 或 khipu) 的结绳记事方法，设有专门的结绳官 (Quipucamayocs) 专司此事。特别在纳税事物方面奇普不可或缺。

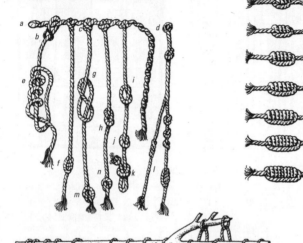

**上右** / 奇普结绳 **上左** / 奇普基本数字字母 **下** / 美国印第安的结绳

# 速记

当场逐字逐句记录演说、谈话、议论等的一种记录方法。当场使用特殊记号记录，事后再改写成普通文字记录。使用的记号有简化文字 (草书派) 和用点、线组合 (几何派) 的两个系统。速记早在公元前 4 世纪古希腊已经出现，近代速记术是 16 世纪英国人发明的。


文字●纹样

## 皮特曼速记法（pitman shorthand）英语

P B T D Ch J K G F V Th Dh S Z Sh Zh

M N Ng L R W Y H a e i o u oo

## 杜普雷严速记法（duployan shorthand）法语

P B T D F V Q Gue L R M N,Gn J,Ch S,Z

a,oi o,ou è,é i,ill u eu

## 统一速记 德语

T G B M D F Z W P H Ch R K N Ng L S

i ü e a u au ei ä o ö eu äu

## 格雷格格速记法（gregg shorthand）英语

K G R L N M T D Th a a: ei i e i:

P B F V Ch J S Sh H Ng o ou o: u oo oo:

**速记**⇨上四种速记法是欧洲各语言的基础文字

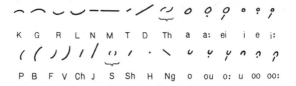

格雷格格速记例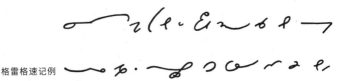

**格雷格格速记例译文**：I am going to show by testimony of experts, your Honor, that it takes much longer to search and classify this print than the witness testified.

盲文⇨

罗马字和数字，此表的
符号都是书写时的盲文
（从凹面看的形式）

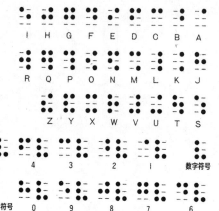

I H G F E D C B A

R Q P O N M L K J

Z Y X W V U T S

5 4 3 2 1 数字符号

小数字符号 0 9 8 7 6

雷明顿公司出品
的打字机

打字例字

## 盲文

盲人用文字，又称点字。用纸面凸出
的一组小圆点表示字母和符号，通过
手指触摸阅读。法国盲人路易·布莱
叶（Louis Braille）于 1829 年发明的盲文
是用纵向 3 个点以内，横向 2 个点以
内的圆点组成一个字母的方式对应拉
丁字母。

## 打字机 Typewriter

手指敲打键盘打印文字的机械。欧
文打字机是英国人于 1714 年发明，
1874 年美国雷明顿父子公司
（Remington Arms）商品化成功。有
排列文字、符号、数字等的键盘，双
手手指敲打键盘打字。

ABCDEFGHIJKLMNOPQRSTUVWX
YZ abcdefghijklmnopqrstu
vwxyz 1234567890%$£¥&#§¾

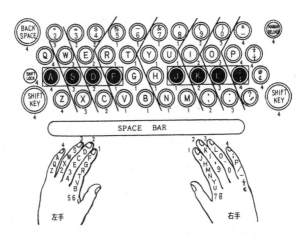

**按键与手指分工**⇨ BACK SPACE（退位键）。修改等需要回到原来位置的键；MARGIN RELEASE（边界解除键）。需要超出行的左右两端留白区域打字时用的键；SHIFT KEY（移位键）。打大写字母或上行记号时用另一只手小拇指按的键；SHIFT LOCK（大小写转换键）。连续打大写字母时预先按下的键（黑色键为导键）。

打字机构造

色带
压纸卷筒
纸夹
字母杆
色带转换键
跳格键

压纸卷筒旋钮
行格杆
字母
键盘
空白键

# 印刷

大量复制文字、照片、绘画等的技术，一般是在事先制好的版上涂抹油墨，然后转印到纸张上。印章和木板刻字印刷也是一种印刷，但现在所称印刷一般指的是工业印刷。近代意义上的印刷始于 15 世纪德国人古腾堡（Johannes Gensfleisch zur Laden zum Gutenberg）发明的活字印刷术。

最早活字版印刷的圣经（1460 年）。一般认为是古腾堡印刷。

文字●纹样

印刷《武英殿聚珍版全书》的
情形。描绘的是排版作业。

**左页上 /** 活字印刷刚发
明时的印刷厂。能看
到给印刷机的活字版
刷油墨的工人（前右），
活字捡字工人（后）。

欧洲早期印刷工厂

# 缩写 inittial

字头缩写。姓名、文章等最初的一个文字（或字母），姓名最初的字母被用作省略署名广泛应用。而文章的第一个字母俗称花文字，欧洲古代从中世的手抄本开始流行，印刷术发达后出现了大量装饰精巧的特殊活字。

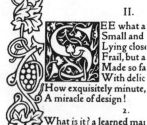

上 / 柯姆史考特版《丁尼生诗集》
左 / 波爱修斯（Boethius）的《哲学的慰藉》
1498 年版

**柯姆史考特版** ⇨ 英国人威廉·莫里斯于 1890 年开设的印刷工房柯姆史考特出版社（Kelmscott Press）印刷版的活字印刷书籍。工房使用他自己设计的 3 种活字尝试出版美术性印刷品，对后世印刷和出版影响极大。其中《杰弗里·乔叟作品集》被盛誉为最高杰作。

**威廉·莫里斯（William Morris）** ⇨
英国诗人，工艺家。1861 年威廉·莫里斯与但丁·加百利·罗塞蒂（Dante Gabriel Rossetti）、爱德华·伯纳-琼斯（Edward Burne-Jones）等朋友创立了"莫里斯、马修·福克纳公司"，前期专门设计、制作瓷砖、室内装饰品、壁纸等，他自己作为纹样家活跃一时。1890 年设柯姆史考特出版社，专注于印刷和图书装帧。

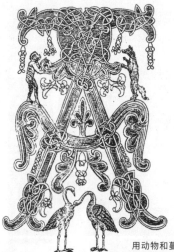

用动物和蔓藤花纹装饰的大写字母 A

上 /《乌有乡消息》(News From No-
where) 扉页木版画《柯姆史考特庄
园》(Kelmscott Manor) 右 / 伯纳·琼
斯给《爱是一切》(Love is Enough)
绘制的插图

莫里斯设计的
各种装饰字母

## 藏书票 Bookplate

欧美的藏书家为自己所藏的书籍贴的自作标识。印有精心设计的图案和自己喜欢的铭言，以及 Ex-libris（……藏之）一词和自己的姓名的数厘米大小的纸张。一般贴在藏书的封面内侧。

**右 /** 德国布克斯海姆 (Buxheim) 修道院收藏的世界最早藏书票 （1480 年前后）

文字●纹样

JOHN PINTARD, LL. D.

个人藏书票

**上左 /** 美国史蒂芬·格罗弗·克利夫兰 (Stephen Grover Cleveland) **上右 /** 美国约翰·品塔德 (John Pintard) **下左 /** 美国马歇尔·克利福德 (Marshall Clifford) 1894 **下右 /** 美国弗兰西斯·威尔逊 (Francis Wilson)

**左页**

**上左 /** 美国阿诺德植物园 (Arnold Arboretum) 1892 **上右 /** 美国威廉·佩恩 (William Penn) 1703 **下左 /** 法国亚历山大·佩特卫 (Alexandri Petav) **下右 /** 法国舒巴利亚·德·贝尔阿许 (Chevalier de Bellebache) 1771

**上左 /** 史班格勒藏书票丢勒(Albrecht Dürer)
作 (1515) **上右 /** 乔治·华盛顿藏书票 **中左 /**
康维斯藏书票 洛可可式 (1762) **中右 /** 萨穆
埃尔藏书票 1699 **下 /** 尼古拉斯·培根爵士
藏书票 (1574)

**左页 /** 法国个人藏书票
**上左 /** J·F· 格鲁美 **上右 /** 亚历山大·杰佛罗亚 ·
**中右 /** A· 克雷利索 **中右 /** 威廉·斯隆·基尼 ·
**下左 /** F· 巴尔咖罗 **下右 /** G· 马雷

# 纹样

装饰在器物表面或纺织品表面的图形等被称作纹样。纹样装饰的对象是人体、服装、器物、家具、工艺品、建筑等多种多样，有几何纹样和具象纹样等。纹样主题多是动物、植物、水波、漩涡等自然现象或形象以及直线、曲线、记号、图形等抽象纹样。

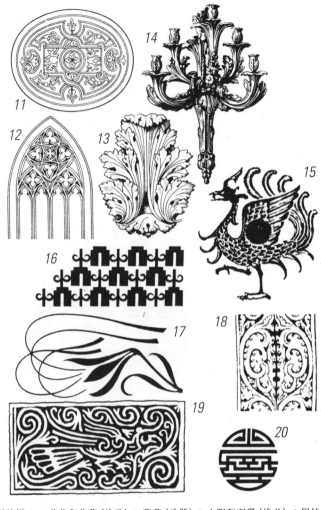

**各种纹样**⇨ **1.** 荷花和花蕾（埃及）**2.** 蔓藤（希腊）**3.** 太阳和羽翼（埃及）**4.** 绳结（亚述）**5.** 连续漩涡纹样和玫瑰纹样（希腊）**6.** 章鱼纹样（爱琴海文明）**7.** 几何纹样（希腊）**8.** 几何纹样（罗马）**9.** 抽象纹样（拜占庭）**10.** 阿拉伯式纹样（伊斯兰）**11.** 几何纹样（德国·文艺复兴时期）**12.** 几何纹样（哥德风格）**13.** 莨苕叶纹样（法国·巴洛克风格）**14.** 石贝装饰（法国·洛可可风格）**15.** 朱雀（中国·汉代）**16.** 抽象纹样（分离派·20世纪初叶）**17.** 百合花纹样（新艺术风格）**18.** 云气纹（中国·唐代）**19.** 抽象纹样（中央婆罗洲）**20.** 喜字（中国）

# 蔓藤纹样

把互相交织的植物蔓藤纹样
化形成的纹样。据传是从阿
拉伯的莨苕叶纹样变化而
成，作为织物和佛教的装饰
纹样从唐代中国传入日本，
日本称作"唐草"。常见植物
纹样有忍冬草、宝相花（唐
代假想花）、菊花、牡丹等，
一般作为建筑、家具、服装
等的纹饰使用。

世界各地的蔓藤纹样

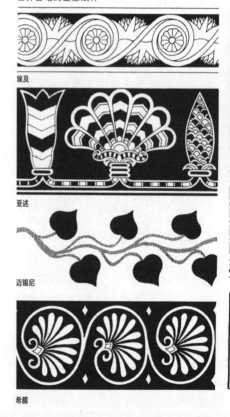

埃及

亚述

迈锡尼

希腊

410

# 忍冬纹

叶子扇状张开的植物纹样，一般都是以根部的旋涡状纹样为主向左右两端连续伸展。因为所绘花形类似忍冬花，故名。伴随佛教美术普及，后变化成叶形更为复杂的牡丹蔓藤纹样。

上 / 希腊忍冬纹 2 例

希腊

罗马

印度（阿旃陀石窟 Ajanta Caves）

印度（桑吉 Sanchi）

健驮罗（Gandara）

阿富汗（贝格拉姆 Begrām）

中国（新疆克孜尔千佛洞）

中国（云冈石窟）

中国（河北响堂山石窟）

文字●纹样

411

阿拉伯纹样
左上、下 / 15 世纪阿拉伯建筑装饰
上 / 北欧文艺复兴时期的阿拉伯纹样

# 阿拉伯纹样 arabesque

一种装饰纹样。原文为"阿拉伯的"之意。狭义上指的是见于伊斯兰美术，在互相交错的类似蔓藤草的优美曲线中，加入以模式化植物为主题的左右对称的纹样。广义上指的是连植物、鸟兽、人物等都包括在内的空想纹样，蔓藤纹样、西洋穴怪图像 (grotesque) 等也都包括在内。用于建筑物的内外壁面、地板石砖等。

库法体纹样
（Kufic script）

伊斯兰文字纹样

文字●纹样

## 几何纹样

直线、曲线等组合而成的抽象纹样。直线常绘成并列纹样、格子纹样、棋盘纹样、卍字纹样、菱形纹样等，曲线常绘成波状纹样、漩涡纹样、连环纹样等。

希腊化时期意大利
彩陶上的几何纹样

希腊彩陶纹饰

莨苕叶纹样
（法国·洛可可时代）

抽象和植物

后汉画像砖

新艺术风格纹样

## 饕餮纹

中国商周时期青铜器上常见的一种怪兽纹样。左右对称的一张嘴巴大张、眼睛夸张、犄角卷曲的奇怪的兽面。为商周时期青铜器的基本装饰纹样，由此还衍生出虬龙纹、夔凤纹等纹样。

右／夔凤纹的变迁
上起周朝、西周前期、商朝、商周时期。均为拓本。

纹样化的"喜"字

下／蟠螭纹的变迁
左上／西周后期，右上／春秋中期，左下／春秋后期，右下／战国后期。均为拓本。

**上 / 牡丹印金纹样 右 / 凤纹 选自唐碑**

**印金**⇨ 在纱、绫罗、绸缎等布料上压印的牡丹、蔓藤等纹样。中国古代称之为"销金",室町时代传入日本。

中国纹样

**右上起 / 象纹、蛇纹、忍冬纹**

# 招牌

设置在店前，写有店名、销售商品、营业项目等的标识。西洋招牌最有名的是理发店红白相间棒、酒馆的常春藤枝叶装饰、当铺的3个金球等三种。理发店因为从前兼做外科医，红白颜色表示的是做放血手术后手腕上的绷带，而酒馆用常春藤是因为在古罗马给酒神巴卡斯供奉的是常春藤。

**西洋的招牌▷**
*1.* 烤肉店（11 世纪）*2.* 旅店（18 世纪）*3.* 伞铺（19世纪）*4.* 酒馆（18 世纪）*5.* 当铺 *6.* 芥末铺 *7.* 理发店（18 世纪）*8.* 铁匠铺

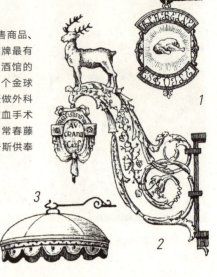

**下左／**刻在古代罗马灯油陶盘上的陶工印记。**下中／右／**刻在瓷砖上的印记。**右下／**1470 年欧洲出版社的商标

# 商标

经营者为了把自己经营的商品与其他人的商品区别而使用的一种标记，一般是文字、纹样、记号或者混合，有的商标还有色彩。类似于商标的记号自古就有，作为商品的信用保证则是 19 世纪后期欧美各国制定法律保护商标以后的事。

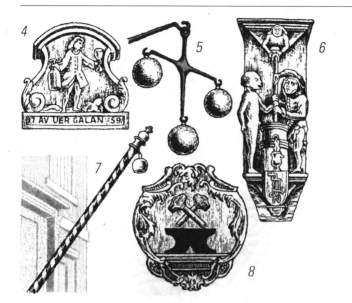

同业公会 (Guild)　11 世纪以后在西欧，商人或者手工业者为了排除封建领主的压迫和外来竞争者，独占生产和市场而自发组织的一种享有特权的互助性同业组织。有统一商品分量等统一贩卖销售的商人同业公会，还有只允许会员享有原材料、质量、价格、市场等特权的手工业同业公会。伴随产业革命的发展逐渐消失。

**上 /** 伦敦城市行业公会徽章 **下 /** 15 世纪英国同业公会会服

上 / 法国沙特尔圣堂迷宫平面图

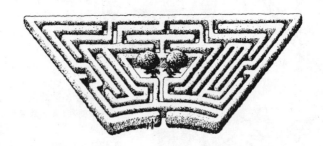

下 / 伦敦汉普顿宫殿庭院灌木迷路

## 迷宫

路径曲折迂回，进入后难找出口，或难以进到里边的一种特殊构造。英语称作 labyrinth，源自希腊神话中代达罗斯为克里特岛国王米诺斯建造的一座复杂的宫殿。也有一说复杂宫殿指的是克诺索斯（Knossos）宫殿。

# 万事通之难

## 译 ＊ 后 ＊ 记

2016 年元旦＊记于山口平井村＊何晓毅

命运之轮 ● 15 世纪德国木版画

因为学日语的时候养成不良习惯，我在家的时候总是开着电视。作息习惯也从小不好，睡觉总是很晚，所以吃过晚饭，电视有意思就看上电视了，没意思也一直开着，边有一眼没一眼地看电视边做自己的事。日本这些年电视节目越来越无聊，几乎从早到晚都是一群当红艺人们说笑打闹取乐。半年前手头的事情告一段落，新事情暂时还没头绪，晚上也没正经电视看，也没正经事情做，正经有点儿无聊。正在这无聊之时，彭毅文找我，问我能不能翻译一本小型百科事典一样的东西。我把书找来一看，内容好像不难，正好晚上无事，只看那些无聊电视也是浪费时间，有这么个简单的活，打发晚上的时间也不错——边看电视边做的话，几个月应该就能做完——犹豫了一下就答应了。

签好协议后刚一动手做，我就发现自己犯了一个极为初级的错误：人不可能万事通，不可能什么都知道，而自己更是仅对中国和日本的事情多少知道一点儿，西方的东西大多都是一知半解，甚至无知！包罗万象的百科事典之类的东西，仅凭自己一个人做起来谈何容易？！每个项目，那怕是你可能知道的，但你脑子里记忆的到底是不是正确的，不查是不敢写出来的。而一知半解的和不知道的，当然更是要查要理解了。所以虽然可能只是一个名词，也得多方查证才敢下手！而这一查就不得了，没完没了的，常常是一个小项目可能就要查几个小时。现在想来这是当然的，可当时答应的时候偏偏就一点儿都没想到，只是想到简单容易了。

幸运的是现在是一个互联网的时代，自己可以不是万事通，网页却是个万事通，几乎万事都能在网上找到。特别是有 Google、百度这样的搜索引擎，而对我帮助最大的是维基百科 (Wikipedia)。维基百科同一个项目可查不同语言版本的功能，极为方便，帮了决定性的忙（正因此好几年来我每年都给维基百科捐款）。甚至可说如果没有维基百科，这本小书单凭我自己一个人的能力几乎是不可能做出来的。

台湾繁体版也给我提供了一定帮助。本来搞到这个台湾繁体版的时候，我天真地认为这下简单多了，大部分应该都是一样的。可是做起来也是马上发现了自己的幼稚可笑。因为台湾海峡隔断的原因，两地的语言区别已经很大，特别是外来语几乎说法都不一样，而这本书最多的正是外来语，所以几乎每个项目都要重新查对，好端端一本繁体版，结果真的只能是参考参考而已，远远不如维基百科帮助大。除此之外，日本大修馆书店出版的《中国语图解辞典》

等也提供了一定的参考作用，在此一并致谢。

外来语就是来自西方的那些东西。对于这些东西，两岸三地，再加上日本，叫法不一，译法不一，解释不一，做起来非常麻烦。所以只能是先找到日语版项目的英语原文，然后再从维基百科和百度等网页上交叉查对，再适当参考繁体版等书籍，然后决定一个自己认为准确的说法。总之每个项目，都费了很大的精力。当然查清楚后的那种小小的"成就感"有时也是非常惬意的。那成就感就像小时候死命爬野地里的小土坎，终于爬上，站到高处的那种感觉。那小土坎对于全能的大人来说也许一步就跨上去了，可是对于无力的小孩来说，可能得用上吃奶的劲儿。而在这本百科小事典面前，知识贫瘠的我就是那无力的小孩，里边的每个项目都是一个横在我面前的小土坎，每个小土坎我都得用上吃奶的劲儿才能翻过。

翻越这些小土坎要用上吃奶的劲儿，这远远超出了我自己当初天真的想象，所以进展极慢。到了后来两个月，我掐指头一算，如果还是只在晚上边看电视边翻土坎，是绝对不能按时翻过所有土坎了。没办法，后来我只好扔下手头一切其他工作，把白天也搭进去了，没黑没明专心一意翻，才终于翻过了所有土坎，没有食言，按时交上了作业。

所以说人不能自以为是，特别是不能过高估计自己的能力，不然结果之悲惨，就如眼前之我了。

尽管我把这些项目都比作小土坎，其实看过的人应该跟我一样，知道这些土坎绝大部分不是土疙瘩，绝大部分其实都是洋砖洋瓦水门汀。我边做边感叹：果然近代日本对西洋文化的吸收和认同远远超出我们！因为原书是一本日本的出版社为日本读者编辑的小百科事典，选项的出发点是日本读者的视点。

感叹归感叹，对于这些洋砖洋瓦洋石头块，在用上述方法选定使用最通用的译法后，为了不引起误会，尽量把其他译法也用"又译"加上（所以又译部分，几乎都是译者加上的）。而且好不容易查了原文，为了方便读者，把原文基本上也都附上了。这样如果读者对我的译名和解释等产生怀疑，您大可自己通过原文 Google 或百度。

最后再次声明一下，因为自己不是万事通，虽然下了极大的功夫，费了吃奶的劲儿，上天（网络）入地（书籍）折腾了好几个月，自己觉得没问题了，但在各路专家来看，应该还是有很多错漏，那就只能请多包涵了。